INVENTAIRE
V43,275

AF308865

DES BATEAUX

TRANSATLANTIQUES

ET DES QUESTIONS D'ORDRE MÉCANIQUE

QUE SOULÈVE LEUR CONSTRUCTION

PAR M. CH. LABOULAYE

Ancien élève de l'École Polytechnique, ancien officier d'artillerie,
Membre du Comité des Arts mécaniques de la Société d'encouragement,
de la Société philomatique, etc.

Ancien Comptoir
DES IMPRIMEURS-UNIS. · PARIS · Ancienne Raison
L. MATHIAS (Augustin).

Librairie Scientifique-Industrielle et Agricole

DE LACROIX-COMON

15, QUAI MALAQUAIS.

—

1857

DES BATEAUX
TRANSATLANTIQUES

ET DES QUESTIONS D'ORDRE MÉCANIQUE

QUE SOULÈVE LEUR CONSTRUCTION

PAR M. CH. LABOULAYE

Ancien élève de l'École Polytechnique, ancien officier d'artillerie,
Membre du Comité des Arts mécaniques de la Société d'encouragement,
de la Société philomatique, etc.

Ancien Comptoir
DES IMPRIMEURS-UNIS.   **PARIS**   Ancienne Maison
L. MATHIAS (Augustin).

Librairie Scientifique-Industrielle et Agricole

DE LACROIX-COMON

15, QUAI MALAQUAIS.

1857

Lorsque récemment la discussion de la loi relative à l'établissement des services Transatlantiques a ramené l'attention publique sur la grande navigation par la vapeur, j'ai été heureux de pouvoir reprendre l'étude d'une question qui m'a toujours passionné.

J'ai rédigé l'avant-projet qu'on va lire pour faire part de mes travaux à mes collègues de la Société d'encouragement et attirer l'attention sur les perfectionnements qui me semblent réalisables. On a bien voulu me témoigner le désir de voir paraître en temps opportun la note que j'ai lue à la Société dans la séance du 10 juin; je m'empresse de la publier, heureux si elle peut contribuer au succès d'une grande et difficile entreprise.

Paris, 25 juin 1857.

DES

BATEAUX TRANSATLANTIQUES

Historique.

Une bien belle manifestation de la puissance de l'industrie humaine, dont les résultats doivent avoir une bien grande importance, attire aujourd'hui l'attention de notre pays, qui va enfin passer de la discussion à l'exécution. Je veux parler de l'établissement des services transatlantiques, de la construction de ces admirables navires qui peuvent entreprendre les plus longs voyages, portant avec eux le combustible nécessaire à l'alimentation de leurs machines ; qui font traverser, en quelques jours, les Océans qui séparent les deux mondes à de nombreux passagers, et transportent dans ce bref délai les lettres et les marchandises pour lesquelles la célérité importe plus que l'extrême bon marché qui appartiendra toujours à la navigation à la voile, à celle qui emploie la puissance irrégulière et limitée mais gratuite du vent.

En réunissant les parties du globe séparées par les Océans, les transatlantiques constituent un rouage essentiel de ce grand ensemble formé par les chemins de fer, les bateaux à vapeur et la télégraphie électrique, moyens divers de diminuer les distances,

1

d'allonger réellement la vie humaine, dont l'établissement sera l'œuvre matérielle la plus remarquable de notre époque.

C'est à la nation maritime par excellence, à celle qui a fondé sur le charbon et la machine à vapeur, sur les travaux de Watt, sa grandeur industrielle, à l'Angleterre que revient l'honneur d'avoir résolu la première le problème de la navigation transatlantique. Ce sont de hardis commerçants anglais qui les premiers ont tenté la traversée d'Amérique avec des navires à vapeur d'une grandeur jusque là inconnue, se fondant sur cette observation que le cube des navires, et, par suite, leur approvisionnement en charbon, croissait bien plus rapidement que la résistance du liquide, sensiblement proportionnelle à la section transversale immergée des navires. On se rappelle encore les succès du *Great-Western*, le premier steamer qui fit régulièrement les traversées entre l'Amérique et l'Angleterre.

Depuis lors, une grande compagnie, fondée par M. Cunard, armateur d'Halifax au Canada, dont le nom a acquis une juste célébrité, a organisé le plus admirable service que l'on eût pu imaginer. Soutenue par une subvention considérable du gouvernement anglais (que celui-ci retrouve toutefois presqu'en totalité par les bénéfices de la poste), elle est arrivée à faire avec l'Amérique du Nord un service hebdomadaire d'une parfaite régularité, sans que jamais aucun accident grave ait signalé une traversée. Elle améliore sans cesse sa flotte, de manière à rester toujours à la tête de tous les progrès et à n'être jamais dépassée dans aucune direction que le temps nécessaire pour faire aussi bien que ses rivaux. Telle est la concurrence, appuyée sur le savoir et l'expérience pratique des constructeurs de navires et des mécaniciens anglais, que nous allons rencontrer.

Parmi les tentatives d'organisation de transatlantiques, nous rencontrons l'essai fait par la France il y a déjà quinze ans, et qui ne fut pas de longue durée ; car, il faut le dire, tout avait été combiné avec un mépris ou, si l'on veut, une inintelligence parfaite des éléments d'un succès commercial. Les ingénieurs de la marine qui furent chargés des constructions veillèrent à ce que les coques de navires fussent assez solides pour passer au besoin au service militaire; des machines pouvant faire un bon service, mais fort lourdes, furent installées dans ces constructions massives, et le tout marcha mal. Il fallut bientôt cesser une concurrence impossible contre des rivaux qui s'occupaient de commerce, de rapidité, et non de guerre, de résistance à l'artillerie, et rendre à la marine militaire des navires qui n'avaient rien à faire dans les ports de commerce. Cette leçon a-été assez complète pour n'être sans doute pas oubliée; aussi on paraît décidé cette fois, à laisser faire des compagnies commerciales, qui n'auront sûrement pas les préoccupations guerrières de nos ingénieurs militaires.

Enfin, la grande entreprise qui reste à citer, l'exemple que nous devons étudier avec la plus grande attention est celui que nous fournissent les Américains, les autres concurrents redoutables que nous allons rencontrer. Il y a déjà quelques années, l'amour-propre national du peuple des États-Unis se trouvant blessé de voir le transport postal s'effectuer par une compagnie anglaise, le Congrès vota pour une compagnie américaine, la compagnie Collins, une subvention supérieure à celle que le Parlement accordait à la compagnie Cunard. Avec leur expérience des affaires et de la navigation, les Américains se mirent à l'œuvre, et lorsqu'ils commencèrent leur service, ce fut avec de magnifiques steamers, supérieurs de tout point aux steamers anglais. Plus grands, munis de machines plus puissantes, les bateaux américains firent, en deux jours de moins que les bateaux anglais, la traversée de New-York à Liverpool. Nous prions qu'on remarque bien l'éclat de ce début, la supériorité que surent conquérir les Américains malgré l'expérience acquise par les Anglais, et qui eût sûrement, dans le cas actuel, amené le partage égal des produits entre les deux rivaux, si la question administrative eût été traitée avec autant de supériorité que la question mécanique par la compagnie Collins.

Par suite des faibles résultats de l'exploitation et surtout de la défaveur produite par deux sinistres, le service de la compagnie Collins est suspendu aujourd'hui, et plusieurs entreprises, qui se disputent sa succession, font des services réguliers sur le Havre et Southampton. Nul doute qu'il ne sorte de là un service puissamment organisé pour représenter dignement l'habileté des Américains pour la navigation.

Nous ne parlons pas dans cette courte revue des compagnies anglaises qui exploitent les lignes des Antilles, du Brésil, parce qu'elles sont moins fortement organisées que celle qui dessert l'Amérique du Nord ; qu'elles ne font, en général, qu'un service mensuel. Il sera relativement facile, par suite, de partager les transports avec elles, et nul doute qu'on n'y parvienne, si on arrive à une organisation assez forte pour pouvoir lutter sans trop de désavantage avec les entreprises qui partent de New-York.

Des conditions à remplir pour l'établissement d'une ligne de transatlantiques.

Bien que nous ayons exclusivement en vue la question mécanique, cependant il nous faut dire quelques mots de la question économique et commerciale qui domine en quelques points le problème mécanique. Si ce dernier n'a pas été étudié, ou plutôt si les études qui ont pu être faites n'ont pas été portées à la connaissance du public, au contraire les questions relatives à l'établissement, à l'économie des lignes de transatlantiques ont été fort bien traitées par plusieurs personnes, mais surtout d'une manière fort remarquable dans une étude publiée par M. X. Raymond dans le *Journal des Débats*. Nous ne saurions faire aussi bien, aussi emprunterons-nous à ce travail ce qui nous semble indiscutable relativement aux points les plus importants.

1° La France est parfaitement placée pour établir un service de transatlantiques. « Pour qu'un pays puisse espérer le succès dans l'établissement de services transatlantiques, il faut, dit M. X. Ray-

mond, être soi-même une grande puissance industrielle et commerciale, il faut posséder un territoire qui soit disposé par la nature
pour servir de lieu de passage au grand mouvement d'hommes qui
s'opère entre les deux mondes. Je n'ai pas besoin d'insister, sans
doute, pour montrer que la France satisfait à ces conditions, quoiqu'à mon sens on n'apprécie pas encore suffisamment ni le degré
selon lequel elle les remplit, ni la facilité avec laquelle elle pourrait les tourner à son avantage bien plus qu'elle ne le fait maintenant. Ainsi, par exemple, sans partager les espérances de ceux qui
croient que la navigation à vapeur aura bientôt supplanté la navigation à voiles, je remarque cependant que les bateaux à vapeur
anglais ou américains viennent nous enlever actuellement au Havre,
sans parler de ce qui s'échappe par nos autres ports, cinquante ou
soixante mille tonneaux de marchandises qui, au dire de M. Cunard, représentent « une grande partie du fret » transporté par les
paquebots transatlantiques de l'étranger. C'est qu'en effet la spé-
cialité de l'industrie et du commerce français est de produire des
articles qui, renfermant une grande valeur sous un petit volume,
peuvent supporter, sans que leur prix en soit trop enchéri, les frais
élevés qu'entraîne le transport par navire à vapeur. La valeur est
grande, mais la quantité est petite; c'est une cause d'infériorité
notoire pour notre marine à voiles, c'est au contraire un élément
précieux pour l'activité de notre marine à vapeur, et il se dévelop-
perait rapidement si nos produits, au lieu d'être placés sous le patronage naturellement peu efficace du tiers pavillon ou du pavillon
rival, étaient expédiés sous pavillon français par les soins d'une
administration française. De même, quoiqu'il soit certain que pendant bien longtemps encore, sinon toujours, la France fournira
par elle-même un nombre de voyageurs infiniment moindre que
l'Angleterre entre l'Europe et l'Amérique, il est cependant vrai
aussi que la position de notre pays à l'extrémité occidentale du con-
tinent européen doit, avec l'aide des chemins de fer qui partout
s'achèvent, et, si nous n'y mettons pas obstacle nous-mêmes par

notre manie de réglementation, appeler sur notre territoire et dans nos ports le passage des populations qui s'acheminent tous les ans vers le nouveau monde. La faute en sera à nous si nous ne parvenons pas à détourner sur nos paquebots une fraction notable de ce grand courant de migration. Il faudra savoir approprier nos navires à la condition des passagers qu'ils auront à transporter ; il faudra savoir faire pour eux ce que nous avons fait avec succès sur nos chemins de fer. »

2° Le succès des transatlantiques importe à la grandeur de la France, et il y a un puissant élément de supériorité commerciale et militaire dans les transatlantiques, pour la nation qui les possède.

« L'Angleterre s'est faite aujourd'hui, par l'exploitation de ses lignes transatlantiques, l'intermédiaire, l'agent de toutes les relations des peuples ; elle est le marché régulateur dont nous sentons l'influence, malgré nos triples lignes de douanes ; elle est le banquier des nations ; elle remplit dans le monde le rôle que remplit dans la cité de Londres le *clearing house*, l'établissement où viennent se liquider les comptes de tous les pays, et le résultat de cette position, c'est de contraindre le commerce de toutes les parties de l'univers d'avoir en Angleterre des correspondants qui sont à leur tour les arbitres de tous les échanges, qui mesurent à chacun son crédit, qui dirigent à leur gré l'exécution de tous les ordres et font naturellement tourner au bénéfice de l'industrie anglaise toutes les commissions qui peuvent se remplir chez eux sans différence de prix sensible avec ce qu'il en aurait coûté ailleurs. Ce qui est ainsi enlevé tous les ans au commerce des autres nations est immense et augmente chaque année dans des proportions effrayantes ; ce qui est peut-être pis encore, c'est que le résultat de cette absorption progressive serait de rompre toutes les relations directes, de faire oublier celles qui existent encore. Nous ne pouvons blâmer l'Angleterre d'avoir su prendre cette position ; mais pouvons-nous nous laisser condamner, sans essayer de réagir, au degré d'infériorité où une plus longue inaction de notre part nous ferait descendre ?

« Il est encore un ordre de faits qui rendent indispensable pour la France la création d'une flotte de grands navires à vapeur comme ceux qu'emploient les services transatlantiques : je veux parler de l'appui qu'ils prêteraient à notre puissance militaire, à l'armée de terre dans une foule de conditions données, et toujours à la marine de guerre, qui depuis sa transformation a plus que jamais besoin du concours des grands et puissants transports que les services transatlantiques pourraient seuls lui fournir. Mais c'est un thème qu'il serait sans doute superflu de développer. L'exemple de la dernière guerre a produit à cet égard des preuves trop saisissantes pour qu'on suppose qu'elles ne soient pas encore présentes à tous les esprits. »

3° La véritable économie, pour une si grande affaire, consiste à faire le service avec des bateaux supérieurs en rapidité à ceux de nos rivaux ou qui au moins ne soient pas inférieurs. Le résultat des essais tentés prouve que jusqu'à ce jour c'est en accroissant le tonnage, ce qui permet de faire croître encore plus rapidement la force des machines, que l'on peut y parvenir. Nous appelons l'attention sur ce point capital, et nous croyons la démonstration de M. Raymond à l'abri de toute objection ; aussi pensons-nous devoir la donner complète, malgré son étendue.

« Ce n'est pas une affaire, dit-il, qui souffre la médiocrité, ce n'est pas une entreprise où l'on puisse dire : Commençons prudemment, modestement, et lorsque nous aurons obtenu quelques premiers résultats, lorsque nous aurons assuré le terrain sous nos pas, alors nous tâcherons de faire aussi bien que les autres. On pouvait parler ainsi il y a vingt ans, lorsque l'Europe et l'Amérique s'essayaient dans la carrière ; mais cela n'est plus de mise aujourd'hui. L'espace qu'ont gagné nos rivaux nous impose la nécessité de ne montrer nos couleurs dans la lice qu'à la condition d'y paraître aussi bien armés que les autres, aussi bien équipés qu'ils le sont après une expérience de vingt ans, sinon il vaudrait beaucoup mieux renoncer purement et simplement à nous attirer un nouvel échec, car il faut bien tenir pour certain que si nous ne réussissons pas par l'excellence de nos services, il n'y a aucune autre considération qui puisse nous préserver de la ruine. Subvention de l'État et capitaux des actionnaires, tout sera englouti et perdu sans ressources. Il n'est en effet au pouvoir de personne de faire que la concurrence ne soit pas la loi dominante d'une pareille entreprise. Souvent les journaux anglais et américains donnent pour titre aux innombrables articles qu'ils consacrent à la discussion de leurs affaires transatlantiques : *Race across the Ocean*, course sur l'Océan. C'est la formule qui résume le plus nettement les nécessités de la question. Or, que penserions-nous d'un homme qui se présenterait sur l'hippodrome de Chantilly avec un cheval qui n'aurait pas été entraîné ou avec un cheval de carrosse?

« Je ne connais que deux manières de s'y prendre pour réaliser ce programme téméraire selon moi, prudent selon d'autres peut-être, c'est ou d'employer des navires moins coûteux, mais aussi moins rapides et moins capables que ceux des Américains et des Anglais, ou bien de construire des paquebots de même force et de même vitesse que les leurs, mais en restreignant les services, en diminuant le nombre des voyages qu'ils devront faire en concurrence avec leurs rivaux. Dans l'un et l'autre de ces systèmes, on semble diminuer les causes de dépense, et, partant, le chiffre de la subvention nécessaire comme celui du capital à engager. Eh bien ! je ne crains pas de me tromper en soutenant que ces deux combinaisons sont les plus déplorables auxquelles on pourrait s'arrêter, que tout y périrait, qu'elles sont d'ailleurs déjà condamnées sans appel par la théorie et par l'expérience.

« Prenons la première hypothèse et supposons qu'au lieu d'employer des navires de 800 ou de 1,000 chevaux de force, et de 2,500, de 3,000, de 4,000 tonneaux de charge; supposons qu'au lieu d'employer de si grands navires nous nous contentions de bâtiments de 1,500 à 1,800 tonneaux, et de 400 ou de 500 chevaux de force. On en peut construire de ces dimensions avec lesquels on serait à peu près sûr de pouvoir en toute saison franchir l'Atlantique en beaucoup moins de temps que n'en mettent les navires à voiles pour aller d'Europe en Amérique. Il est de plus incontestable que ces navires coûteraient moins que les grands paquebots qui font aujourd'hui le service, et comme prix de construction, et comme frais d'exploitation. Mais trouverait-on une économie réelle à s'en servir? Je ferai d'abord remarquer que sur des bâtiments construits dans ces conditions, l'espace utile, celui qui produit des recettes, celui qui peut être fructueusement consacré au transport des passagers ou des marchandises, est relativement inférieur à à celui que l'on peut se réserver sur les grands navires, si bien que tout compensé, il en coûte en définitive plus cher pour transporter un passager ou une tonne de marchandise sur un paquebot de médiocre puissance que sur un paquebot de grandes dimensions. La capacité utile croît en raison même de la grandeur et de la force des navires. C'est la loi générale qui régit tous les armements maritimes, qui domine encore plus impérieusement que toutes les autres une entreprise comme celle d'un service de paquebots transatlantiques qui ne doit pas demander ses conditions d'existence à la modicité de ses frais d'établissement, mais au développement des sources qui peuvent lui apporter des recettes. Voilà ce qu'enseigne la théorie et ce que la pratique confirme par de très-nombreux exemples. En effet, ce n'est pas une idée nouvelle et ce ne serait pas la première fois qu'on se laisserait prendre à la décevante tentation d'essayer de s'établir sur l'Océan avec des navires qui sembleraient coûter moins que les grands paquebots des Compagnies anglaises ou américaines de New-York, de Liverpool ou de Southampton. Les Compagnies qui se sont formées pour établir sur ces données d'une économie trompeuse des services réguliers entre les côtes de l'Angleterre, de l'Écosse ou de l'Irlande, et celles de l'Amérique, n'ont pas réussi. Il y a quelques jours, une lettre rendue publique du président de la Chambre de commerce de Paris, nous apprenait que la Compagnie qui exploite avec quatre navires de petites dimensions et de faible puissance la ligne de Liverpool à New-York a perdu plus de 1 million 800,000 fr. pendant l'année 1856. De la Compagnie qui s'était formée pour tenter avec les mêmes moyens un service entre Glasgow et l'Amérique du Nord, je ne saurais dire autre chose, sinon qu'il n'est plus question d'elle et que ses opérations sont suspendues. Il y a plus : la puissante Compagnie qui fait avec une subvention de 4 millions 624,985 fr. le service hebdomadaire de la malle entre Liverpool et New-York s'était, elle aussi, laissé aller à croire que ces navires prétendus économiques pouvaient réussir, et que, placés sous son patronage, elle était en position de leur assurer un trafic rémunérateur. Or, voici ce qui est arrivé : des six navires qu'elle devait faire construire dans le principe, il y a de cela cinq ans, quatre seulement ont été armés, et toutes les fois que la Compagnie a pu les employer à autre chose qu'à faire des traversées entre l'Europe et l'Amérique, elle n'a jamais manqué de les détourner de leur destination primitive. Ces quatre navires, l'*Etna*, les *Andes*, le *Jura*, les *Alpes*, ont d'abord navigué dans la Méditerranée pour y chercher du fret au profit des grands paquebots de Liverpool; puis, la guerre étant survenue, ils ont été mis à la disposition du gouvernement; et enfin ils viennent d'être en partie vendus ou loués à la Compagnie qui a tout récemment soumissionné le service entre l'Angleterre et l'Australie par la voie de la mer Rouge. Je ne suis peut-être pas suffisamment informé; mais, à ma connaissance, il n'y a qu'un seul de ces navires, les *Alpes*, qui ait fait, et seulement une fois, le service de la malle entre Liverpool et Boston; encore ne l'a-t-on mis sur la ligne que depuis que la Compagnie rivale américaine a été mise hors de combat. Dans la réalité, la Compagnie Cunard, instruite par l'expérience, s'est ingéniée pour se défaire à temps pour elle de ces embarrassants navires, et elle y a presque complétement réussi. D'autres, qui n'avaient pas les mêmes ressources, ont été moins heureuses, comme par exemple les deux ou trois Compagnies qui avaient entrepris des services directs entre l'Angleterre et l'Australie et qui ont été battues par la navigation à voiles, comme encore la Compagnie dite de navigation à hélice, qui avait des navires construits toujours dans les mêmes conditions et qui ont navigué pendant plus d'un an entre l'Angleterre et les Indes par la route du Cap de Bonne-Espérance, mais qui ont été honteusement distancés comme vitesse par les paquebots de la Compagnie péninsulaire, suivant la route de la mer Rouge, sans que sur leur propre ligne ils aient pu obtenir une supériorité manifeste sur les navires à voiles. Toutes ces Compagnies ont disparu aujourd'hui, et celles qui n'ont pas éprouvé une ruine complète ne l'ont dû qu'à la guerre, qui leur a permis, en renonçant à leurs diverses entreprises, de trouver dans le service des transports frétés par le gouvernement un emploi avantageux de leur matériel flottant.

« Je pourrais citer d'autres exemples encore à l'appui de la thèse que je soutiens, mais je pense que ceux-ci suffisent et au delà pour démontrer qu'il n'y a rien à espérer, au moins pour l'accomplissement d'un service postal et régulier, de navires de petites dimensions et de faible puissance. Ils se trouvent, comme on dit, pris entre l'enclume et le marteau, entre les grands paquebots qui attirent nécessairement tout ce qui a besoin de vitesse, passagers, correspondance ou marchandise, et les bâtiments à voiles qui transportent souvent sans différence appréciable dans le temps et toujours à beaucoup moins de frais, tout ce qui n'est pas forcé d'arriver à jour et à heure fixes, tout ce qui est devenu valeur négociable et échangeable, lorsqu'une lettre dirigée par la voie la plus rapide a fait savoir qu'il était embarqué pour sa destination à bord d'un bâtiment quelconque. Or c'est là le cas où se trouve la plus grande partie des marchandises échangées par le commerce entre tous les pays du monde.

« Bien loin d'être engagée dans cette voie, l'industrie des paquebots, si je puis parler ainsi, tend sans cesse à développer les dimensions et la puissance de ses navires. Cela est rigoureusement exact si on l'applique sans distinction à toutes les lignes qui ont prospéré, ou qui même seulement se sont maintenues. Ainsi la Compagnie anglaise qui fait le service entre Liverpool et les États-Unis débute en 1840 par passer avec le gouvernement un contrat par lequel elle s'engage à employer des navires de 350 chevaux de force ; mais trouvant ce chiffre trop faible, elle fait construire du premier coup des navires de 500 chevaux comme l'*Acadia*, le *Columbia*, etc. En 1845, elle passe aux navires de 650 chevaux de force, le *Niagara*, le *Canada ;* en 1850, aux navires de 800, l'*Asia*, l'*Arabia* ; en 1853, aux navires de 1,000, la *Plata*, qu'elle a vendu à la Compagnie des Antilles ; le *Persia*, qu'elle a mis l'année dernière sur la ligue. De même la Compagnie des Antilles commence par des bâtiments de 400 chevaux, le *Medway*, le *Thames*, le *Great-Western*, etc., et aujourd'hui elle emploie des navires de 800 et de 1,000, l'*Orinoco*, la *Plata*, l'*Atrato*, etc. Je pourrais montrer que la Compagnie péninsulaire et orientale a suivi la même progression pour ce qui est de la capacité et de la puissance des paquebots qu'elle fait naviguer dans les mers de l'Inde et de la Chine. De même, en 1839, j'ai fait la traversée de Trieste à Athènes sur le paquebot du Lloyd autrichien, l'*Archiduca-Giovanni*, qui était seulement de la force de 80 chevaux, et alors le plus puissant navire employé par la même Compagnie était de 120 chevaux de force seulement ; aujourd'hui elle fait naviguer sur ses grandes lignes des paquebots de 360 chevaux De même encore, lorsqu'en 1838 nous avons commencé notre service des paquebots de la Méditerranée, nous l'avons fait avec des navires de 160 chevaux ; puis, en 1844, sont venus les navires de 220, et aujourd'hui, enfin, nous en sommes aux paquebots de 370, le *Thabor*, le *Sinaï*, le *Carmel*, le *Danube*, le *Cydnus*, l'*Indus*, l'*Euphrate*, le *Gange*, etc., et rien ne dit encore que nous devions nous arrêter à cette limite.

« Il faut donc, si le gouvernement ne veut pas dépenser inutilement une subvention qui sera toujours, quoi qu'on fasse, très-
considérable, si les actionnaires de la future entreprise des paquebots transatlantiques français ne veulent pas courir les chances de
la ruine, il faut se résigner à la nécessité de construire de grands
et de puissants navires. Si nous voulons descendre à notre tour
dans la lice, la plus vulgaire sagesse nous conseille de n'y paraître
qu'avec des armes égales à celles de nos rivaux. »

Sans contester qu'il puisse y avoir pour chaque cas une limite de
tonnage qu'il est inutile de dépasser, on peut donc établir, comme
résultat d'expérience, qu'il est absolument nécessaire que les
transatlantiques soient de très-grands navires, et qu'il faut se résigner aux dépenses que nécessitent ces grandes constructions.

Une des conséquences fâcheuses, au point de vue de l'exploitation, de la grandeur sans cesse croissante des transatlantiques,
c'est que notre port du Havre se trouve insuffisant pour les recevoir en tous temps. Sans doute, comme notre grand centre de commerce, le Havre, est le point de départ le plus convenable, mais
toutefois on ne saurait nier que c'est surtout comme port de Paris
que le Havre a sa plus grande importance (tout en ayant incon-
testablement une valeur propre) et que les chemins de fer, pour
les voyageurs comme pour les marchandises que l'on expédie
par la grande vitesse, ont donné à tous les ports joints à Paris par
ce moyen de transport une grande partie des propriétés qui appar-
tenaient au port joint à Paris par la voie de la Seine. Or, si la question de choisir un port autre que le Havre pour point de départ
des transatlantiques était posée, s'il était prouvé qu'on ne peut (et
nous croyons le contraire) agrandir considérablement le port du
Havre par des travaux bien entendus, il n'y aurait, ou plutôt il n'y
aura bientôt plus qu'un seul autre point possible. Je ne veux pas
parler de Cherbourg, situé dans la Manche comme le Havre, et où
il faudrait disputer la place aux établissements de la marine militaire, mais de Brest, qui offre le grand avantage de dispenser

d'une longue navigation dans la Manche et par suite de réduire les traversées. La position de Brest, bien préférable à celle de Liverpool, peut être la cause du succès de la ligne française au point de vue de la concurrence de vitesse avec la ligne anglaise, en permettant d'obtenir, avec des paquebots d'égale rapidité, une traversée plus courte entre l'Europe et l'Amérique. Nous n'avons pas besoin d'ajouter qu'on ne saurait supposer que Brest devînt le point central du départ des transatlantiques sans que des bateaux à vapeur de moindre échantillon n'allassent, pour chaque départ et chaque arrivée, chercher et porter fret et passagers, au Havre, à Nantes, à Bordeaux, et indirectement à Marseille même, grâce au chemin de fer du Midi.

Il est bon de dire aussi qu'il est facile de développer les plus beaux établissements le long de cette mer intérieure qu'on appelle la rade de Brest. Ateliers de construction des coques, de construction de machines, cales, magasins pour approvisionnements de toute nature, tout cela peut y être installé facilement, sur l'échelle convenable à la grandeur de l'entreprise. Cela importe surtout en France; car, il faut le dire, si en Angleterre on trouve de célèbres constructeurs possédant d'immenses établissements pour se charger des constructions les plus importantes, il n'en est pas de même en France, et l'exemple de la Compagnie des Messageries impériales qui n'emploie que des navires de dimensions bien moindres que ceux dont il s'agit, semble indiquer qu'il est à craindre que la Compagnie ne soit forcée de construire elle-même. Sauf quelques exceptions, il faudra attendre le développement d'établissements bien placés mais insuffisants, ou s'adresser à d'autres mal situés. Tel est le bel établissement Cavé, une des gloires de notre pays, qui ne peut longtemps construire des machines de transatlantiques au faubourg Saint-Denis, et qui se trouve aujourd'hui dans une position qui pourrait peut-être faire décider son transport au lieu où devraient se faire d'aussi importantes constructions. Les commencer de suite, les pousser activement, terminer en même temps les tronçons de chemins de fer nécessaires à l'exploitation ; voilà un programme d'entreprises audacieuses à compléter en deux campagnes. Cela paraît presque impossible, c'est pour ce motif qu'il serait beau d'y réussir.

Dans les passages cités plus haut, M. Raymond, en répondant à la première question relative au tonnage, à répondu implicitement à la seconde qui se rapporte à la régularité et à la fréquence des départs. On peut poser en principe que le commerce accorde sa confiance à l'entreprise qui effectue le plus régulièrement le plus grand nombre de départs (dont la fréquence au delà de toute limite serait toutefois sans intérêt) et oublie toute autre. Ainsi la Compagnie Cunard faisant un service hebdomadaire sur New-York, le négociant américain sait quel jour il doit clore son courrier, et ne tient nul compte du départ d'un bateau qui partira le 1er de chaque mois, par exemple. On peut être assuré que ce dernier n'emportera pas 1/10e des lettres qui partiront avec la malle hebdomadaire. Il en serait à peu près de même des voyageurs qui ne trouvent de jour de départ à leur convenance qu'avec une multiplicité de départs suffisante. Nous concluons donc que le succès sur la ligne de New-York est impossible sans un départ par semaine. Pour le Brésil et les Antilles, les départs des paquebots anglais étant, nous croyons, mensuels, les services de la Compagnie française n'ont pas besoin d'une plus grande périodicité pour partager les recettes en diminuant de moitié les intervalles entre les départs, évidemment trop grands pour les intérêts du commerce.

Mais en voilà assez sur la question économique ; revenons à la question mécanique qui est celle qui nous a fait entreprendre ce travail, et pour laquelle nous partirons des propositions ci-après, qui nous paraissent à l'abri de toute contestation :

1° Il est d'absolue nécessité que les constructions françaises dépassent comme rapidité, comme sous tous les rapports, les constructions existantes.

2° Ce n'est qu'avec de la rapidité qu'on parviendra, sans un matériel écrasant, à établir régulièrement une périodicité convenable et suffisante. Il est clair que si on établit un service hebdomadaire sur New-York, il faudrait, si on mettait un mois à faire la traversée, au moins huit navires; si on la faisait en huit jours, deux pourraient à la rigueur suffire.

3° L'expérience acquise indique que nos transatlantiques ne sauraient, pour rivaliser avec ceux des Anglais et des Américains, être des bateaux inférieurs à 3,000 tonneaux mus par des machines de 1,000 chevaux-vapeur.

4° Le problème d'une construction supérieure des transatlantiques exige toutes les ressources de la science industrielle, et ne sera résolu convenablement que par une étude approfondie de tous les éléments qui entrent dans la question. Il est de toute évidence que, pour la solution d'un problème aussi complexe, il ne faut négliger aucune des ressources dont nous pouvons disposer. L'industrie placée à cette hauteur ne peut être seulement affaire de routine. Essentiellement progressive, la science permet presque toujours de faire chaque jour mieux qu'on ne pouvait faire la veille, et c'est parce qu'il s'agit de science que le succès de la France nous paraît possible.

C'est sous l'influence de ces idées et sans entrer dans des détails trop pratiques que nous avons essayé de rédiger cet avant-projet, pour le soumettre à la discussion de nos collègues, et mettre en lumière quelques perfectionnements, qui pourront peut être-contribuer à un succès si désirable à tous les points de vue. Nous espérons que nos efforts ne seront pas sans utilité pour celle des Compagnies déjà expérimentées qui va prochainement passer à l'exécution.

But et limites de cette étude.

Nous diviserons l'étude suivante en deux parties : la première, qui se rapporte aux moyens de produire une impulsion, un travail moteur considérable et bien employé, à l'aide de la combustion de la houille, de la machine à vapeur et des organes qu'elle fait mouvoir ; la seconde se rapportera aux moyens de diminuer la résistance relative, principalement en employant les formes et dimensions de navire les plus convenables, de manière à obtenir la vitesse la plus grande possible en restant dans des limites de dépenses acceptables par la pratique. C'est évidemment de la solution la plus satisfaisante de ces divers problèmes que résultera la solution du problème complet de la construction la plus parfaite des transatlantiques, bien entendu en supposant que les divers éléments ainsi déterminés sont harmonisés pour fournir la construction complète, satisfaisante dans l'ensemble comme dans les détails. Mais cette dernière partie est surtout le travail de l'ingénieur au moment où il s'agit de passer à la construction, lorsqu'on arrête les derniers projets ; dans un travail de la nature de celui-ci, on ne peut guère sortir de l'étude des divers éléments qui doivent avant tout être déterminés.

Pour apprécier les grands progrès que l'on peut espérer obtenir, à l'aide d'améliorations des éléments de la navigation à vapeur, on devrait, ce semble, comparer les résultats obtenus à ceux que la théorie indique, lorsque celle-ci permet d'analyser l'élément considéré. Autant que possible, nous suivrons cette voie, mais le plus souvent nous nous contenterons de prendre une marche moins radicale et plus indépendante des progrès de la science qui analyse difficilement des cas complexes, tel que celui qui consiste à calculer la vitesse d'un navire d'après le travail dépensé pour le mouvoir. Elle consiste à comparer les résultats obtenus dans la navigation maritime à ceux obtenus dans la navigation fluviale, pour le navire et pour la machine, à constater l'infériorité des machines de bateau comparativement à la machine à vapeur sur terre. Le but assigné n'étant plus que de faire aussi bien dans un cas que dans un autre tout à fait analogue, semble relativement facile à atteindre et ne saurait être considéré comme indiqué par un désir exagéré de perfection.

2

De la machine à vapeur à terre et de la navigation fluviale. — Si l'on examine les éléments qui résument la dépense et le travail obtenu dans les machines à vapeur les plus parfaites à terre et les vitesses des meilleurs bateaux dans la navigation fluviale, qui n'offre pas, il est vrai, les mêmes obstacles que la navigation maritime, on trouve :

Pour les machines à vapeur de Cornouailles, une consommation de moins de 1 kil. par cheval et par heure.

Pour les machines de Wolf et celles à longue détente, 1 kil. 50.

On va voir combien ces consommations sont faibles par rapport à celles des machines marines et par suite quelle économie serait produite par la bonne production et le bon emploi de la vapeur, si on se rapprochait de ces résultats sur mer.

Dans la navigation fluviale, les meilleurs bateaux font en eau tranquille environ 30 kilomètres à l'heure; et on cite le *New-World*, bateau américain qui navigue sur l'Hudson, et qui fait 40 kilomètres à l'heure, grâce à l'emploi de machines à mouvements rapides et des fourneaux activés par de *puissantes machines soufflantes.* (Ch. Dupin, *Rapport sur l'exposition de Londres.*)

Transatlantiques. — Voyons maintenant les résultats obtenus par les meilleurs constructeurs des deux premières nations maritimes du monde.

Comme nous l'avons déjà dit, c'est en augmentant beaucoup les dimensions des navires, et plus rapidement encore la puissance des machines que l'on est parvenu à augmenter notablement la vitesse, à diminuer la durée des traversées. Cette vitesse va-t-elle en croissant toujours avec rapidité, ou bien arrive-t-on ainsi à une limite que les plus grands efforts ne permettent pas de dépasser sensiblement? C'est là ce qu'il importe de constater avant tout.

Constructions anglaises. — Nous empruntons à M. Ch. Dupin (*Rapport sur l'exposition de Londres*) les dimensions, la consommation et la vitesse d'un des beaux bateaux de la compagnie Cunard, l'*Arabia*.

Longueur. . . . . $86^m,90$
Largeur. . . . . $12^m,35$
Tirant d'eau moyen. . . . . $6^m,2$
Surface immergée du maître couple. . . . $63^{m,c}$
Déplacement. . . . . $3,750$ t^x
Tonnage. . . . . $2,300$ t^x
Force nominale de la machine. . . . .   960 chev.-vap.
Poids des machines. . . . .   680 t^x
Espace occupé par la machine.. . . . . . $928^{m,c}$
Combustible brûlé en 24 heures. . . . . .   90 t^x
Poids réservé pour la cargaison. . . . . .   400 t^x
Vitesse moyenne des traversées. . . . . . .   11 nœuds 37

Le nœud marin, équivalant à $15^m,43$ en 30 secondes, correspond
à un mille, soit $1,851^m$ en une heure. 11 nœuds 37 donnent donc
une vitesse de 21 kilom. par heure. La consommation du charbon
est de 4 kil. par cheval et par heure.

Depuis l'*Arabia*, la compagnie Cunard a fait construire un navire plus grand, le *Persia*, de 3,500 tonneaux, avec lequel elle a
obtenu près de 13 nœuds, soit 24 kilomètres à l'heure, comme vitesse moyenne des traversées, ce qu'il ne faut pas confondre avec
des vitesses d'essai en eau calme. Ce résultat a été considéré
comme constituant un succès remarquable, et la plupart des ingénieurs admettent qu'il approche beaucoup du maximum de vitesse
qu'il est possible d'atteindre dans les modes de construction
adoptés jusqu'à ce jour.

Constructions américaines. — Voyons maintenant les résultats
obtenus par les Américains, qui, mettant à profit l'expérience acquise dans leur grande navigation fluviale, par la construction
des immenses et nombreux steamers qui parcourent le Missisipi,
ont voulu à tout prix surpasser les Anglais, qui avaient regagné
l'avance qu'avait su prendre la compagnie Collins. Nous venons
de voir un brillant spécimen de cet esprit entreprenant dans le
Vanderbilt, magnifique steamer récemment arrivé au Havre.

En voici les principales dimensions :

Longueur. . . . 340 pieds anglais . . . . . 103^m,36

Largeur . . . . 49. . . . . 14^m,89

Creux. . . . . 32 1/2 . . . . 9^m,87

Tirant d'eau. . . 20 . . . . · . 6^m,08

Tonnage, au moins 3,700 tonneaux, plus le volume des galeries supérieures établies sur le pont pour les passagers.

Force de la machine, environ 1,500 chevaux-vapeur.

Poids disponible pour la cargaison. . . 1,200 t^x.

Diamètre des cylindres. . . . 90 pouces . . . 2^m,25

Course du piston. . . . . . 12 pieds. . . . 3^m,64

Pression de la vapeur, 18 livres par pouce carré (détente à moitié). . . . 1^k,26 par centim. carré.

Espace occupé par la machine, 1/5e du vaisseau :

4 Chaudières, 15 pieds de large, 30 de long, chaque. . . . . . . 4^m,50 sur 9^m.

La largeur du navire est suffisante pour placer les chaudières en travers face à face.

4 Réservoirs de vapeur extérieurs aux chaudières de. . . . . . . 7,80 mèt. cub. chaque.

Surface de chauffe (32 foyers en 4 chaudières et deux cheminées, grand développement tubulaire; eau d'alimentation passant dans des tubes traversant le fumée), en pieds anglais, 20,000 pieds carrés, soit. . . . . 1,844 mèt. carrés.

Combustible consommé en 24 heures, 100 tonneaux. La consommation (déclarée) serait réduite à 3 kil. par l'emploi de la détente à moitié.

Approvisionnement 1,400 t^x.

Diamètre des roues. . . . 41 pieds . . . . . 12^m,46

Tours, 12 à 15 en une minute (quelquefois 18).

Longueur des pales. . . . 10 pieds. . . . . 3^m.

Largeur 0,80

Nombre. 40

Taille-mer droit ;

Vitesse moyenne, 300 milles en 24 h., environ 13 nœuds.

Traversée de New-York à Southampton, 10 jours 1/2.

On voit avec quelle habileté les conditions de succès sont accumulées dans ce navire. Immensité des surfaces de chauffe, procurées par 4 grandes chaudières tubulaires débouchant dans deux cheminées, très-longues courses de piston obtenues à l'aide d'un balancier placé sur le pont (balancier court en fer forgé, dont les tourillons sont portés par d'énormes pièces de bois parfaitement reliées au navire, de manière à ne pas porter très-haut des poids trop considérables), vastes réservoirs de vapeur, emploi d'une détente très-avantageuse, etc., tout est réuni pour obtenir d'excellents résultats des machines. La perfection de la coque du navire, avec son taille-mer droit, est admirée par tous les marins, et tout le monde connaît l'extrême habileté des constructeurs de navires américains.

Avec tous ces éléments de succès prodigués à profusion, la vitesse moyenne du navire n'atteint pas 13 nœuds. Et malgré l'audacieux défi adressé, dit-on, par l'entreprenant constructeur américain, à la compagnie Cunard, de jouer le *Vanderbilt* contre le *Persia*, dans une course de Liverpool à New-York, malgré sa détermination de déposer ainsi un enjeu de 5 millions, prix de revient de cette immense machine, il est certain que la différence de vitesse entre les deux navires est insignifiante.

Ainsi, avec toutes les ressources de la construction, en ne ménageant aucun sacrifice d'aucun genre, la vitesse de 13 nœuds est à bien peu près le maximum qu'il soit possible d'atteindre, et on ne peut guère espérer faire mieux en restant dans les mêmes voies que nos prédécesseurs. Disons même, pour être justes, qu'on aura bien des efforts à faire pour ne pas rester au-dessous de rivaux plus expérimentés que nous, en demeurant strictement dans les voies qu'ils ont si souvent explorées.

Comparaison des résultats. — Malgré ces progrès, comme le

montrent les chiffres ci-dessus, les résultats sont bien inférieurs sur mer à ceux obtenus sur terre et dans la navigation fluviale. Les consommations de combustible, relativement à la force motrice produite, sont très-élevées, et, si l'on amenait la machine à vapeur marine à satisfaire aux conditions remplies sur terre, on économiserait moitié, si on compare aux bateaux qui emploient la détente (3^k par cheval Vanderbilt), près de 2/3 pour les autres (consommation 4^k), du combustible brûlé et transporté à travers l'Océan. Quant à la vitesse, en procurant aux navires la vitesse des bateaux qui naviguent sur les fleuves, la durée des traversées serait réduite de 1/4. Peut-on se considérer comme arrivé à la perfection lorsqu'il est possible de faire de semblables comparaisons ; car, remarquons-le encore une fois, il ne s'agit pas de progrès purement théoriques, mais seulement d'obtenir dans un cas ce qu'on obtient dans un cas bien analogue, si ce n'est absolument semblable.

Voyons comment on peut espérer satisfaire à ce programme, étant parfaitement certain que ce n'est pas en restant fidèles aux types créés par nos devanciers que nous arriverons à des résultats supérieurs à ceux qu'ils ont obtenus. Ce n'est qu'en prenant une route quelque peu différente, s'il en existe, que l'on peut espérer les dépasser.

Passons donc en revue les divers éléments des puissantes machines que nous étudions, et cherchons à indiquer les progrès possibles qui, nous espérons l'avoir fait déjà entrevoir, sont peut-être plus rapprochés de nous qu'on ne pourrait croire *à priori*.

PREMIÈRE PARTIE

—

TRAVAIL MOTEUR

1° Consommation du combustible. — Chaudières et fourneaux.

Un des derniers progrès accomplis dans les sciences physiques, une théorie déjà suffisamment établie malgré sa nouveauté, constate une relation intime entre la production de la chaleur et la quantité de travail mécanique que peut produire l'unité de celle-ci, la calorie (quantité de chaleur nécessaire pour élever un kilogr. d'eau d'un degré). Le nombre établi par M. Joule et Mayer est 430 kilogrammètres pour une calorie ; nous croyons ce chiffre beaucoup trop fort, et pensons avoir démontré avec une très-grande probabilité qu'il ne saurait dépasser 130 à 140 kilogrammètres. Or, en adoptant ce nombre, que nous comptons mettre bientôt hors de doute, on va voir quelle marge la théorie laisse aux imperfections de la pratique pour réaliser d'énormes progrès sur ce qui existe aujourd'hui ; à plus forte raison en serait-il ainsi, si on adoptait le nombre 430, la machine à vapeur la plus parfaite ne rendant plus alors qu'une fraction minime du travail engendré par la chaleur.

Le kilogr. de charbon de terre produisant par sa combustion 7,500 calories, peut donc engendrer théoriquement, à raison de 140 kilog. mèt. par calorie, 1,075,000 kilogrammètres. Le cheval-vapeur, compté à 75 kilog. mèt. par seconde, soit 270,000 kilomètres par heure, ne demanderait pas théoriquement 1/3 de kil. de charbon par heure. Les machines de Cornouailles qui en consomment 1 kil., rendent donc environ 1/3 de travail utile. Nous admettons que c'est un fort beau résultat, eu égard surtout aux pertes considérables par la cheminée, qu'il est impossible d'éviter ; au travail consommé par le tirage qui n'est pas compté dans le travail résistant ; mais on doit aussi admettre comme incontestable qu'il serait possible dès aujourd'hui, en reproduisant par une étude attentive les principales conditions du bon usage de machines perfectionnées, de limiter la consommation des machines à vapeur marines *au double* de cette consommation, à 2 kilogrammes par force de cheval, quantité supérieure de un quart à la consommation des bonnes machines à terre. Or, la consommation de la plupart des machines marines étant de plus de 4 kil. par cheval, ce serait une économie de moitié sur les consommations des machines actuelles, ce qui pour une machine de 1,200 chevaux monterait à 20,000 fr. pour un voyage à New-York (indépendamment du bénéfice montant à une somme au moins égale, sinon supérieure, qui résulterait du tonnage devenu disponible pour des marchandises) ; ce qui, pour une compagnie qui ferait quatre départs par mois, correspondrait à une économie ou à un supplément de subvention de 2,000,000 fr. par an pour le combustible seul et 4,000,000 avec le concours du fret !

Chaudières. — Ce qu'il faut pour obtenir ce résultat, en nous limitant pour le moment aux chaudières et fourneaux, c'est d'employer des appareils mieux disposés que ceux employés jusqu'ici. On en a tellement senti l'utilité que l'on a modifié à l'infini la disposition des chaudières, et qu'imitant autant que le permettait l'impureté de l'eau de mer, la disposition de la chaudière tubulaire des locomotives, on est arrivé à un résultat très-satisfaisant. La chaudière dite américaine à foyer intérieur, portant des tubes à la partie supérieure pour le retour de la flamme, est très-bonne, et placée à terre dans des conditions semblables à celles des chaudières terrestres, avec des cheminées élevées, elle a parfaitement supporté la comparaison avec les meilleures.

L'infériorité si notable de la vaporisation sur les navires à

vapeur est donc due évidemment, dans les cas où les chaudières
sont de dimensions convenables (et il est impossible de leur
donner une surface de chauffe suffisante pour les grandes machines, car il faudrait même avec de bonnes cheminées 1 mètre 50
par cheval), à l'insuffisance du tirage effectué à travers des cheminées métalliques de faible élévation, insuffisance que ne rendent que trop manifeste aux yeux les moins exercés, les flots de
fumée noire que répandent les cheminées des bateaux à vapeur.
En effet, on ne parvient à produire de grandes quantités de vapeur
qu'avec des pertes considérables de combustible, c'est-à-dire en
multipliant les foyers et rejetant dans l'air les produits de la combustion à une température trop élevée.

Du tirage. — Rien ne montre mieux l'influence d'un fort tirage que
la machine locomotive qui, avec sa seule cheminée, sans tirage arti-
ficiel, n'est plus qu'un corps sans âme, ne peut donner de vapeur.
Dans la pratique, on brûle sur une grille de locomotive, à surface
égale, quatre fois le poids du combustible que l'on peut brûler sur
celle d'une machine ordinaire. Comme exemple bien probant, on
cite deux chaudières de bateaux de rivière, à peu près semblables,
toutes deux tubulaires, qui fournissaient des vaporisations qui
étaient dans le rapport de 5 à 1 , l'une ayant un échappement de
vapeur dans la cheminée, l'autre n'ayant qu'une cheminée ordinaire. C'est donc bien l'insufflation par la tuyère qui quintuple
la vaporisation, et c'est sûrement la rapidité de celle-ci qui contribue beaucoup à faire de la locomotive une bonne machine, ne
consommant que 1 kil. 80 de houille par cheval.

C'est donc un résultat d'expérience parfaitement certain que des
combustions considérables, rapides, que la production de grandes
quantités de vapeur pour alimenter de puissantes machines à
course de piston accélérée, c'est-à-dire que l'établissement de chaudières et de machines produisant un grand travail sans avoir un
poids énorme, et même en réduisant beaucoup l'étendue actuelle
des surfaces de chauffe, n'est possible qu'à l'aide d'un tirage forcé.

C'est la solution du problème de la rapide vaporisation, à l'aide
de la chaudière tubulaire et du jet de vapeur qui a fait le succès
de la locomotive et des chemins de fer; ce sera la solution convenable du même problème qui permettra d'obtenir des bateaux à
vapeur bien plus rapides que ceux construits jusqu'ici, dans lesquels on n'a pas encore abandonné le tirage obtenu seulement
à l'aide d'une cheminée peu élevée.

De la pression.—L'amélioration qu'il paraît le plus naturel d'apporter aux appareils de vaporisation des bateaux à vapeur semble
être de leur appliquer les dispositions qui ont si bien réussi pour
les locomotives, c'est-à-dire le jet de vapeur dans la cheminée.
C'est en effet ce qui a été déjà fait, avec grand succès, sur les
bateaux de rivière les plus remarquables, sur ceux du Rhône notamment. Mais l'eau de mer donne tant d'incrustations dont l'adhé-
rence croît rapidement avec l'intensité du chauffage, la surface
des chaudières est si souvent exposée à ne pas être recouverte
d'eau par suite des mouvements du navire, que l'emploi d'une
pression de plusieurs atmosphères nécessaire pour l'insufflation
par la vapeur, pression qui exige un plus actif chauffage de la
chaudière à une température élevée, offre des inconvénients
assez graves pour avoir été repoussée par la pratique universelle.
La pression de 2 athm., correspondant à la température de 120°
de la vapeur, est cependant employée couramment sur mer par les
Américains (sur le *Niagara*, frégate à vapeur, notamment). C'est la
limite qu'on peut adopter sans inconvénient. On l'a acceptée et
même dépassée dans assez bon nombre de constructions nouvelles [1]. Il faut remarquer que la difficulté de faire monter la
pression de la vapeur dans les chaudières marines a aussi contri-
bué à faire conserver la basse pression. Cet obstacle disparaît avec
les dispositions que nous allons proposer.

Ventilateur. — Ce n'est pas l'adoption d'un jet de vapeur dans

---

[1] Plusieurs bateaux-poste des Messageries impériales fonctionnent à 3 ath.

la cheminée, car la pression de 2 athm. que nous adoptons, n'est pas suffisante. Le pourrait-on, que nous préférerions au jet de vapeur (que nous pourrions, à la rigueur, obtenir, comme nous le disons plus loin), un autre moyen de produire le tirage forcé, une machine dont les avantages sont bien connus, le ventilateur. On doit se rappeler qu'au célèbre concours de Manchester, dont date la locomotive, la *Novelty*, construite par Bratwhaite et Éricson, lutta jusqu'au dernier moment avec le *Rocket* de Stephenson, qui avait su appliquer le tirage par un jet de vapeur, tandis que ses concurrents activaient le feu par un ventilateur.

Si l'on examine en effet les résultats fournis par ce mécanisme dans quelques applications pour lesquelles il a été bien étudié, pour la ventilation des mines notamment, on verra que le ventilateur aspirant (auquel nous donnons la préférence) ne coûtera à faire mouvoir qu'une faible partie du travail dû au combustible qu'économisera son emploi [1].

On a, nous croyons, tenté l'emploi du ventilateur soufflant sur le *Great-Werstern*, et cependant nous n'en voyons pas d'autres applications en Angleterre. Nous ne connaissons pas les détails de cet essai, et par suite nous ne pouvons savoir les causes d'un insuccès dû, nous croyons, en partie au système de soufflerie, d'où résulte l'inconvénient de la sortie de la fumée par la porte du fourneau quand on le charge, et peut-être seulement à une étude insuffisante; mais on peut voir actuellement à Paris un essai extrêmement curieux, donnant d'importants résultats, de l'emploi du

---

[1] Pour une consommation de 3,000 kil. de houille par heure, exigeant 60,000 mètres cubes d'air, et par jour 1,440,000, il faudrait, d'après les expériences de M. Guépin, en employant le ventilateur Combes, brûler 60 kil. de charbon par heure, soit 1/50e du combustible et employer 12 chevaux-vapeur. Voir *Dictionnaire des Arts et Manufactures*, article *Ventilation*, dû à M. Grouvelle. Dans le cas qui nous occupe, la résistance de l'air, et par suite sa vitesse, devrait être plus grande que pour la ventilation des mines; nous rapportons seulement les chiffres ci-dessus comme indication des limites de la dépense et des avantages qu'il est possible d'obtenir.

ventilateur soufflant (en changeant le mode de chargement du fourneau) pour constituer un système de chaudières tout nouveau. Nous voulons parler de l'appareil Beaufumé, adopté par la maison Cail, qui permet de convertir les combustibles en gaz combustibles que l'on dirige sous les chaudières. Il résulte d'expériences faites par M. Grouvelle, ingénieur dont la compétence relativement aux questions de chauffage est bien connue, que l'on obtient, avec l'appareil Beaufumé, 10 kilogrammes de vapeur par kilogramme de houille, quand en général on n'obtient que 5 ou 6 kilogrammes, et, avec les meilleures chaudières, 7 ou 8, la limite théorique étant entre 11 et 12.

En admettant que l'expérience confirme ces chiffres, et sans la difficulté d'employer cet appareil à la mer, à cause des incrustations qui s'y produiraient, nous pourrions en recommander l'emploi pour réaliser le progrès qui doit précéder tous les autres, l'amélioration des chaudières marines [1]. Nous ne croyons pas qu'il y ait lieu de le regretter, pensant que nous arriverons à d'excellents résultats, se coordonnant parfaitement avec l'ensemble du mécanisme des transatlantiques par l'emploi du ventilateur aspirant.

Si nous ne voulions rester dans les limites des indications facilement vérifiables par des cas analogues de la pratique, nous pourrions indiquer ici un perfectionnement du ventilateur que nous avons depuis longtemps étudié et qui ne limitera pas ses avantages à assurer le bon rendement des chaudières, et accessoirement à faire disparaître la fumée et l'affreuse cheminée qui salissent les ponts des bateaux à vapeur. Mais le nouveau étant toujours discutable, surtout pour les esprits qui n'admettent pas ce qui n'a pas déjà été fait, qui n'ont pas assez de science pour distinguer le rêvé de l'inventé, nous préférons nous abstenir en ce moment.

Incrustations. — En terminant ce qui se rapporte aux chaudières

[1] Nous verrons plus loin comment on pourrait trouver la quantité d'eau pure nécessaire pour faire fonctionner le système Beaufumé, si on croyait devoir lui donner la préférence sur celui que nous proposons.

marines, nous dirons un mot des incrustations qui constituent une des grandes difficultés de la navigation à la vapeur et limitent la pression qu'il est possible d'employer prudemment à la mer. Un des remèdes importants, que nous appellerons d'ordre administratif, est celui qui consiste à composer le système des chaudières d'un steamer d'un certain nombre de corps semblables, condition qui doit dominer toute l'organisation du matériel des compagnies, qui doit être composé autant que possible d'éléments identiques; ce qui facilite les constructions et les rechanges, évite des retards perpétuels et assure l'exactitude du service. En établissant une chaudière de plus que le nombre nécessaire (nous admettons au moins 4 chaudières placées deux à deux de chaque côté des machines), on pourra toujours, lorsqu'elles seront toutes incrustées, en mettre une en nettoyage, et par suite opérer celui-ci (au moins partiellement) avant que les incrustations n'aient acquis une épaisseur qui les rend nuisibles et dangereuses.

Ce moyen, comme les anti-incrustants, tels que le graissage, l'argile qui empêche les dépôts de devenir adhérents, les corps mobiles, qui facilitent l'enlèvement des incrustations, seraient, tout utiles qu'ils sont quand on les emploie avec méthode, fort insuffisants si on n'avait trouvé le moyen régulier d'amoindrir beaucoup les dépôts que fournit l'eau de mer chargée d'une quantité de matières étrangères qui s'élève jusqu'à $1/33^e$ de son poids et qui, saturée, laisse déposer des cristaux quand elle en renferme $12/33^{es}$. Ces matières consistent principalement en sel marin dont la grande solubilité permet de se débarrasser facilement, et en sulfate de chaux qui forme la très-majeure partie des incrustations adhérentes aux chaudières. Ce moyen consiste dans l'accroissement du travail de la pompe de désaturation et à lui faire enlever d'une manière continue l'eau presque saturée du fond de la chaudière, en quantité égale *à la moitié* de celle envoyée par la pompe alimentaire [1]. En enlevant une proportion aussi considérable

_____
[1] La pompe de désaturation devant enlever la moitié de l'eau d'alimentation

d'eau saturée, et surtout en la puisant avec soin à la partie infé-rieure où se déposent les boues et les molécules qui n'adhèrent pas encore à la chaudière, on amoindrit beaucoup les dépôts de sulfate de chaux sur les surfaces directes de chauffage, et ils n'arrivent pas aux surfaces indirectes qui, avec un fort tirage, agissent très-puissamment pour conserver la régularité de la vaporisation, lorsqu'un commencement d'incrustation n'a pas permis aux sur-faces directes de chauffe de refroidir déjà beaucoup les produits de la combustion. Avec ces modes d'opérer, on peut être certain de produire toute la vapeur nécessaire avec des surfaces de chauffe d'étendue modérée et employer couramment et sans inconvénients la tension de 2 atmosphères, et je crois même 2 1/2, c'est-à-dire double de celles que l'on emploie dans les machines de Watt.

Condenseur de Hall. — Il ne serait possible d'aller au delà qu'avec des condenseurs de Hall, dont le bon fonctionnement eût été un grand progrès, puisque, consistant en des tubes dans lesquels la vapeur d'eau n'est plus en contact qu'avec des sur-faces métalliques refroidies par le contact de l'eau, l'alimentation eût pu se faire sur mer avec de l'eau distillée, c'est-à-dire parfaite-ment pure. Malheureusement les dépôts que l'eau produit sur les surfaces métalliques, dès qu'elle s'échauffe, de matières tenues en suspension dans l'eau de mer en partie par l'action de l'acide carbonique qui se dégage par la moindre chaleur, ont empêché le succès d'un système qui eût réalisé d'immenses progrès dans la navigation à vapeur, dans laquelle tout se fût passé, comme si on eût navigué sur de l'eau pure et non sur de l'eau chargée de tous les dépôts salins et terreux qui échappent à l'action de l'évapo-

pour combattre un peu efficacement les incrustations, c'est assez dire combien il importe de ne pas perdre la chaleur renfermée dans cette eau. Les pompes actuelles sont disposées dans ce but; mais les incrustations s'opposent souvent au bon effet des tubes qui forment leurs conduits. On pourrait, je crois, obtenir des résultats plus complets par l'emploi des caisses séparées, en imitant les dispositions qui ont si bien réussi à M. Pimont, de Rouen, pour retrouver la chaleur perdue avec l'eau des vieux bains de teinture.

ration. Nous proposons ci-après d'utiliser la disposition du condenseur de Hall dans des limites restreintes par la condition de nettoyer les surfaces de condensation; ce qui assure bien le succès d'un semblable appareil, mais limite évidemment l'échelle de son emploi.

Dans cet aperçu rapide nous négligeons bien des questions du plus haut intérêt, notamment, au point de vue des chaudières, la nécessité d'avoir des réservoirs de vapeur considérables, d'une capacité égale à dix fois au moins le volume d'eau à vaporiser par heure. Ces réservoirs de grand diamètre, en séchant la vapeur et la surchauffant même quand ils forment la partie supérieure de chaudières tubulaires, assurent la régularité de la pression ; ils ont été la cause du succès de plus d'un bateau de rivière, et nous pensons bien inutile d'insister pour en montrer toute l'importance, étant admis par les ingénieurs que leur exiguïté est un défaut très-grave de nombre de bateaux bien établis du reste.

2° De la Machine à vapeur.

Les anciennes machines de bateaux étaient d'un poids énorme; celles que les Anglais emploient encore beaucoup aujourd'hui sont construites sur le modèle de celles que Watt avait établies pour machines fixes, avec cette seule différence que le balancier a été reporté à la partie inférieure du bâti et le volant rendu inutile par l'accouplement de deux machines. L'emploi presque exclusif de la fonte de fer, surtout pour des bâtis très-lourds, et d'une pression très-basse de la vapeur, sont les principales causes du poids énorme de ces machines, poids qui limite beaucoup la puissance possible pour un bateau donné. Tout concourt à ce résultat : poids énorme des machines, grand volume des chaudières, mauvais emploi de la chaleur, et par suite nécessité d'approvisionnements immenses.

Nous avons déjà étudié la question pour les chaudières; nous avons vu aussi qu'une pression de la vapeur, à peu près double de celle employée dans les anciennes machines de Watt, pouvait être adoptée sans inconvénient. Les appareils devraient de ce fait seul pouvoir être construits sur une dimension réduite, avoir un poids bien moindre ; à plus forte raison en sera-t-il ainsi en remplaçant la machine de Watt par la machine à action directe plus employée aujourd'hui ; en augmentant les vitesses du piston en même temps que la pression ; enfin en remplaçant autant que possible les masses de fonte par du fer.

La diminution de poids des machines a en effet été très-considérable par toutes ces causes dans la navigation fluviale, pour laquelle on a utilisé toutes ces idées de progrès. Il n'en a pas été de même pour la navigation maritime, un peu faute par les ingénieurs, d'avoir apprécié tous les progrès possibles ; beaucoup, hâtons-nous de le dire, parce que les oscillations perpétuelles à la mer auraient bientôt détraqué tout mécanisme qui n'aurait pas un excès de solidité suffisant.

La diminution de poids des machines qu'il est possible d'obtenir est donc moindre qu'on ne pourrait croire *à priori*, surtout quand on tient compte des éléments nouveaux et de première importance que nous avons à introduire dans la question ; nous voulons parler de la bonne utilisation de la vapeur pour produire avec le même poids une plus grande quantité de travail. Nous y parviendrons, par le système ci-après, en n'atteignant pas le poids énorme de 1 tonneau par cheval, qui est celui de la machine à balancier.

Tous les ingénieurs, au courant des derniers progrès de la machine à vapeur, savent que le bon emploi de la vapeur a pour condition essentielle, absolue, l'emploi des longues détentes, et subsidiairement l'adaptation aux cylindres moteurs d'enveloppes remplies par la vapeur de la chaudière, dont M. Combes et récemment encore M. Hirn ont démontré la grande utilité.

Pour obtenir le même travail par seconde avec de longues détentes à pression pleine, il faut nécessairement, toutes choses égales d'ailleurs, augmenter les courses et la vitesse du piston que nous porterons à 1 mètre 30 centimètres par seconde. Ainsi, admettant que dans une bonne machine à vapeur marine, où l'on ne peut forcer la détente sans trop augmenter les poids, celle-ci ne saurait être moindre que trois fois le volume primitif (ce qui correspond à un travail double de celui que fournit l'action directe de la vapeur), il nous faudrait tripler les courses. Or cela ne saurait être fait pour les machines actuelles à action directe, dont la course est limitée par la distance qui sépare l'arbre des roues de la plaque de fondation qui supporte la machine et qui ont toutes le défaut capital d'avoir des bielles trop courtes et des roues de trop grand diamètre avec des courses de piston de peu d'étendue. D'autre part, nous n'oserions proposer le système américain, qui accepte des balanciers au-dessus du pont, à une grande hauteur au-dessus du centre de gravité. Il est inutile d'insister pour faire apprécier tous les inconvénients de cette disposition à la mer que les Américains ont adoptée plutôt que de renoncer aux avantages de la détente ; nous en avons vu les bons effets dans le *Vanderbilt*, dont nous avons parlé en commençant.

Bâti. — Revenant donc aux machines à action directe, nous proposerons, pour corriger les défauts que nous avons indiqués, de nous rapprocher de la solution du Creuzot, qui, dans ses excellentes machines du Rhône, établit les cylindres à vapeur horizontalement, de manière que rien n'empêche de donner aux bielles toute la longueur dont elles ont besoin. Dans l'impossibilité de l'adopter tout à fait, car elle ne satisfait pas à la condition essentielle des machines marines de servir de lest et d'assurer la stabilité du bâtiment, nous choisirons la position intermédiaire et placerons le cylindre à vapeur sur un bâti suffisamment incliné, ce qui permet d'allonger en même temps la course et la bielle.

Nous diviserons en deux les cylindres énormes adoptés en général pour la navigation à vapeur (comme il a déjà été fait avantageusement pour les machines des navires à hélice), et les placerons deux à deux symétriquement, agissant sur la même manivelle de l'arbre, reprenant ainsi le bâti triangulaire, la disposition imaginée jadis par M. Brunel père, et qui, trop compliquée pour de petites machines, ne pouvant alors soutenir la comparaison avec des machines oscillantes, s'appliquera avec avantage à de grandes machines. Grâce à cette division, les enveloppes de vapeur, cause d'une économie de 25 o/o dans l'emploi du combustible et qui ne peuvent avoir grand effet sur la vapeur placée au centre d'un cylindre de plus de 2 mètres de diamètre, auraient toute l'utilité qu'on leur a reconnue. Nous ferons circuler la vapeur dans l'enveloppe en tournant autour du cylindre, la faisant entrer par le haut et sortir par le bas.

Nombre des cylindres à vapeur. — La position inclinée permet d'allonger la course des pistons, et cela sans diminuer les proportions relatives des bielles et des manivelles. En outre grâce à la réduction des diamètres des cylindres, nous pouvons mettre facilement trois appareils semblables, soit six cylindres, pour agir sur l'arbre moteur. Cette disposition est trop simple pour qu'il y ait lieu d'insister, et il est bien clair qu'en disposant convenablement l'inclinaison des manivelles de l'arbre en raison des détentes dans les cylindres, agissant deux à deux sur la même manivelle, de manière que leurs actions soient complémentaires l'une de l'autre, on pourra éviter tout soubresaut, supprimer toutes les vibrations si désagréables sur la plupart des bateaux à vapeur, ce qu'a déjà prouvé l'expérience sur les navires à hélice (sans parler des contre-poids appliqués aux roues qui peuvent encore être employés utilement pour s'opposer aux actions perturbatrices qui deviennent très-sensibles quand on augmente les vitesses).

Calcul du travail. — Supposons 6 cylindres de 1^m,40 de diamètre, 2 mètres de course et 1^m,30 de vitesse [1], produisant un tour

---

[1] Nous sous-entendons dans tous les calculs que nos constructions s'éloignent peu des plus grandes dont nous avons déjà parlé, ainsi que nous l'avons établi

en 3 secondes et 20 tours de roue par minute ; on verra facilement qu'avec une pression de 2 atmosphères, les 6 cylindres don-
neront un travail pour une détente de deux fois le volume
primitif de $1^{m\,c}$, soit $0^m,65$ de hauteur de vapeur admise, au moins
1,400 chevaux, avec une consommation de 12 mètres cubes de
vapeur en 3 secondes, soit $1^k,11 \times 4 = 4^k,44$ de vapeur par seconde, et par heure 16,000 kilogrammes, qui exigeraient, à
raison de 1 kilogramme de houille pour 6 à 7 kilogrammes de
vapeur seulement, 2,500 kilogrammes environ, soit pour 24 heures
60 ou 70 tonneaux de combustible.

Pour obtenir une course de 2 mètres, avec une profondeur de
la plaque de fondation au-dessous de l'axe des roues, qu'on ne peut
guère supposer de plus de 5^m ou $5^m,50$ (pour que la coque ait
encore une largeur suffisante pour le placement des 3 cylindres),
il faudra donner 6 mètres de largeur à la base du triangle rec-
tangle du demi-bâti, afin d'avoir une hypothénuse de 8 à 9 mètres,
et pour que la bielle atteigne une longueur de $4^m,5$ ou 5 mètres,
quatre à cinq fois la longueur de la manivelle de 1 mètre de rayon.

Machines accessoires. — Le système auquel conduit l'étude des
meilleures conditions à remplir par la machine paraîtra peut-être
un peu compliqué à quelques personnes, bien que le soin pris de
la composer de pièces semblables en rende la fabrication relativement simple. Nous voudrions en simplifier encore les détails par
l'emploi de machines accessoires plus puissantes que le petit cheval quelquefois employé aujourd'hui pour faire mouvoir surtout
les pompes alimentaires et dont l'expérience a montré toute
l'utilité.

Cette machine accessoire que l'on se contente d'établir, en général, de 4 ou 6 chevaux, dans les grands transatlantiques, nous
la remplacerions par deux machines bien plus considérables de 40
ou 50 chevaux chaque, placées latéralement et plus haut que les

dès le début. Nous reviendrons plus loin sur les motifs qui doivent faire adopter ces dimensions.

autres cylindres, dans l'élargissement supérieur de la coque, vers la partie supérieure du bateau. Ces machines, travaillant dans toutes les conditions d'un bon emploi de la vapeur, seraient chargées de mettre en mouvement les ventilateurs aspirants dont nous avons parlé, et aussi de débarrasser les machines motrices de plusieurs fonctions accessoires, de surmonter une grande partie des résistances intérieures qu'elles rencontrent.

Ces machines, produisant un mouvement rectiligne alternatif, pour la plus grande partie de leur travail, feraient mouvoir les pompes alimentaires, les pompes de désaturation et surtout les pompes des espèces d'appareils de Hall dont nous allons parler pour opérer la condensation partielle de la vapeur par surfaces métalliques. C'est surtout en dégageant les condenseurs ordinaires, qu'ils permettraient de réduire beaucoup le travail considérable des pompes à air, qui s'évalue dans la machine à vapeur à $1/10^e$ du travail moteur.

Condenseurs à surfaces métalliques. —Voici, en quelques mots, la description des dispositions de condenseurs à surfaces métalliques susceptibles d'être nettoyées qui nous paraîtraient applicables :

L'intérieur de chaque bâti triangulaire qui supporte une paire de cylindres à vapeur, serait en partie rempli par une grande caisse carrée en forte tôle, pouvant avoir les dimensions suivantes : Longueur, 7 mètres ; largeur, 2 mètres ; hauteur, 3 mètres ; soit 42 mètres cubes. Si l'on suppose cette caisse remplie dans une partie de son volume de tubes verticaux, plus rapprochés et moins épais que ceux qui garnissent une chaudière de locomotive, on voit, par le rapport des dimensions respectives, que, si l'on parvient à obtenir dans celle-ci une surface de chauffe de 100 mètres carrés, il sera facile d'obtenir, dans le cas actuel, une surface de 4 à 500 mètres carrés. Cette surface serait la surface de refroidissement de notre condenseur métallique, qui dans cette disposition devient facile à nettoyer et, par suite, est mis à l'abri des incrustations.

En effet, l'eau reçue dans l'intérieur des tubes et du double fond qui entoure la caisse (le diamètre des tubes étant assez faible pour que le poids de l'eau ne soit pas trop considérable), entre par la partie inférieure dans une capacité dont la paroi supérieure reçoit les extrémités de tous les tubes et arrive à travers ceux-ci dans une capacité semblable située à la partie supérieure, qui communique avec la pompe mue par la machine auxiliaire. Celle-ci enlève l'eau échauffée pour la rejeter au dehors, en ne produisant qu'une élévation minime au-dessus du niveau naturel de l'eau.

La vapeur, entrant dans la capacité vide et froide, la traverse en se condensant en partie, puis vient aboutir à un condenseur ordinaire à eau placé sur le milieu la caisse et qui n'a besoin que de peu de capacité pour achever la condensation complète de la vapeur.

La condensation produite par les surfaces métalliques diminuera très-notablement et réduira à peu de chose le travail des pompes du condenseur ordinaire, qui, au lieu de recevoir une quantité d'eau égale à 30 fois le poids de vapeur à condenser, n'auront pas besoin de plus du quart de cette quantité, ce qui permettra d'employer un seul condenseur à eau pour deux cylindres.

Le nettoyage de tubes verticaux qui garnissent le condenseur métallique se fera avec la plus grande facilité, à peu près comme on le fait pour les tubes de locomotives, en passant une râcloire, un écouvillon, après avoir démonté le couvercle supérieur. Cette opération, destinée à enlever des dépôts qui, n'ayant pas été calcinés, n'adhèrent que faiblement, n'offrira pas de difficulté ; elle ne sera jamais à faire que dans le port, enfin elle suffira pour assurer toujours l'excellent fonctionnement de l'appareil.

Les démontages des calottes placées à la partie supérieure et qui ont besoin de maintenir l'eau, pourraient effrayer si on ne réfléchissait qu'il s'agit d'eau à 40 ou 50 degrés, et, par suite, au milieu de laquelle se conserveront très-bien des corps élastiques, tels que le caoutchouc vulcanisé, qui rendront facile l'exécution de fermetures hermétiques.

La vapeur sortant de chaque cylindre (dont le volume primitif est de 1 mètre) étant détendue de suite de 30 fois son volume primitif, il n'y a pas à craindre de contre-pression résultant de la lenteur de la condensation, et, dans cet espace où elle rencontrera 500 mètres de surface à basse température, elle se condensera sûrement plus qu'à moitié, et fournira à la partie inférieure, aux pompes qui la puiseront, l'eau pure dont nous allons voir l'emploi, très-avantageux à notre avis pour une machine à haute pression [1].

S'il n'en était ainsi, on pourrait toujours alimenter une ou deux chaudières à l'eau pure et les débarrasser ainsi des incrustations, faire disparaître enfin, pour un des couples de cylindres, les inconvénients attachés sur mer, à l'emploi d'une pression élevée.

La disposition ci-dessus décrite offre le double avantage que le mouvement ascensionnel de l'eau s'oppose en partie au dépôt des matières terreuses sur les surfaces métalliques, qui arrêtent bientôt l'action des semblables condenseurs, mais surtout que le nettoyage en est facile. Or, il importe de l'observer, c'est l'absence de ce nettoyage qui a empêché le succès du condenseur de Hall dont les conduits métalliques sont disposés circulairement ; aussi

---

[1] Voir dans le *Bulletin de la Société* (octobre 1856) un rapport de M. Tresca sur le condenseur à surfaces métalliques de M. Sauvage. Dans cet appareil, une surface de 50 centimètres carrés a suffi par cheval en employant de la vapeur à 3 ath. 1|2. Hall considère une surface de $1^m,68$ carrés comme nécessaire par force de cheval, pour 5 ou 6 kil. de vapeur, mais il faisait la part des incrustations. Avec 1,500 mètres carrés de surface condensante toujours nettoyée, nous devrons condenser la presque totalité de la vapeur employée. Nul doute, en tout cas, que nous ne soyons certains d'alimenter la machine auxiliaire dont nous allons parler, et que nous n'ayons un excédant à renvoyer dans les chaudières, et cela sans employer des paquets de toiles métalliques dans la vapeur, comme le proposait Ericson, pour augmenter l'étendue des surfaces refroidissantes. Ces toiles peuvent notamment assurer, en formant des cloisons transversales, le dégraissage et la bonne circulation de la vapeur dans le condenseur métallique, condition essentielle de l'efficacité de son action.

ne peut-on les nettoyer, et leur action va sans cesse en diminuant par le dépôt des matières terreuses contenues dans l'eau de condensation. Ce perfectionnement du condenseur à surfaces métalliques est bien peu de chose; mais c'est, nous en sommes persuadés, la solution du problème de son emploi pratique.

Systèmes nouveaux. — Il est encore un autre emploi dont nous voudrions charger les machines auxiliaires, qui consommerait une assez grande quantité de travail. Comme il s'agit, ainsi que nous l'expliquerons plus loin, d'un système dont on ne peut encore démontrer la valeur par des expériences dans des cas présentant quelque analogie, nous n'y attachons pas une très-grande importance.

Il en est de même de quelques systèmes curieux, qui joueront peut-être un grand rôle dans l'avenir, mais qui ne sont pas assez étudiés pour pouvoir être appliqués aujourd'hui. Il s'agit encore là de questions du domaine de la théorie plutôt que de celui de la pratique; nous citerons, par exemple, comme dans ce cas, les turbines à vapeur à grande vitesse, qui, par des dispositions nouvelles, vont peut-être donner, entre les mains d'un ingénieux inventeur, des résultats moins mauvais que ceux qu'elles ont donnés jusqu'ici.

Mais si la science est insuffisante pour juger quelques dispositions incomplétement analysées jusqu'à ce jour, si elle doit faire ajourner bien des idées de progrès trop peu pratiques encore, elle suffit parfaitement pour faire rejeter des systèmes qui ont été préconisés par divers inventeurs et qui ont encore des partisans assez nombreux.

Ceci s'applique d'abord à cette invention qui a un moment si fort occupé l'attention publique et passionné, plus que de mesure, même les corps savants. Nous voulons parler de la célèbre machine à air chaud d'Éricson.

Système Éricson. — Cette invention, si pompeusement annoncée, est aujourd'hui abandonnée; et on a reconnu que les bases en étaient erronées, comme nous l'avons démontré, au plus fort moment de l'engouement général, dans notre article MACHINE A VAPEUR du *Dictionnaire des Arts et Manufactures.* Toutefois, l'heureux emploi qu'il a proposé de toiles métalliques pourra trouver une application dans le nouveau condenseur à surfaces métalliques, pour augmenter à l'infini les surfaces de contact de la vapeur avec le métal, en lui faisant traverser des colonnes de fils métalliques partiellement en contact avec les surfaces froides.

Système Siemens. — Il n'y a rien de plus avantageux à espérer d'un système dit *régénérative engine* de Siemens, dont un spécimen a paru à l'Exposition, et qui est fondé sur la même conception que la machine Éricson, en employant de la vapeur au lieu d'air ; sur l'idée de reprendre la chaleur du gaz qui a déjà effectué un travail ; idée fausse qui a une malheureuse analogie avec celle du mouvement perpétuel.

Système Dutremblay. — Mais il est une invention qui a déjà été appliquée dans plusieurs constructions, qui paraît très-favorablement accueillie par nombre d'ingénieurs de la marine et mérite par suite une sérieuse attention : nous voulons parler de la machine à deux vapeurs, de M. Dutremblay.

Tout le monde a entendu parler de l'ingénieuse idée de M. Dutremblay, consistant à employer, concurremment avec la vapeur d'eau, la vapeur d'un liquide vaporisable à une température peu élevée. L'éther et le chloroforme ont été le plus avantageusement employés. Ces liquides se vaporisent au contact de la vapeur d'eau en la condensant, et engendrent de la vapeur qui se rend dans un cylindre particulier, la condensation de cette seconde vapeur devant être faite ensuite à l'aide d'eau froide dans des condenseurs de Hall.

Cette invention a été très-prônée, et bien des personnes ont considéré comme un bénéfice absolu, comme devant produire une économie de moitié, cette seconde production de vapeur. Il est facile de reconnaître que ce système ne peut avoir d'autre but raisonnable (au reste l'auteur l'a parfaitement reconnu dans l'ouvrage que lui a fait écrire son invention que de nombreux essais lui ont fait expérimenter d'une manière complète) que d'utiliser la partie du travail qu'à cause des limites que la pratique force d'apporter à la détente, la machine à vapeur n'emploie pas, comme nous l'avons établi dans l'article MACHINE A VAPEUR, du *Dictionnaire des Arts et Manufactures*. La machine à vapeur *théorique* peut utiliser tout le travail de la vapeur, et c'est seulement en raison de son imperfection pratique que l'addition de la machine à éther peut produire un travail de quelque importance, de telle sorte que la première étant parfaite, la seconde deviendrait tout à fait inutile, ne produirait plus aucun travail.

Il est sans doute impossible d'arriver à la perfection ; mais les améliorations qu'il paraît possible d'apporter aux machines à vapeur sont assez grandes pour que bientôt le travail fourni par la machine à éther ne compense pas les résistances spéciales à cet appareil, ne vaille pas les sujétions, les dangers d'incendie qui lui sont inhérents.

Les ingénieurs de la marine ne paraissent pas partager cette manière de voir, et nous avons vu avec regret à l'Exposition des pièces d'un navire à vapeur de 500 chevaux, l'*Arago*, que le gouvernement fait construire dans ce système. Au moins nous paraît-il extraordinaire que ces savants ingénieurs, qui possèdent dans les arsenaux de la marine, à Lorient, une machine de ce système qui marche depuis dix ans, n'aient jamais fait connaître sa consommation en combustible, par force de cheval. L'industrie, avec grande raison, ne connaît pas d'autre moyen d'établir la supériorité d'un système de machines à vapeur sur les autres. Jusqu'à cette démonstration, nous conserverons notre conviction que la consommation des machines de ce système est supérieure à celle des bonnes machines terrestres, et nous dissuaderons les constructeurs de s'avancer dans une voie qui ne leur procurera pas de bons résultats.

3° **Emploi du travail moteur.— Des Propulseurs.**

Roues à pales et hélices. — Deux moyens de propulsion sont appliqués aujourd'hui aux bateaux à vapeur.

1° Les roues à pales offrent l'avantage de faire agir facilement de grandes surfaces sur le liquide qui offre un point d'appui, par suite, de produire une impulsion qui n'entraîne pas de trop grandes destructions de travail, et permet un bon fonctionnement des machines à pression modérée et à petite vitesse de piston. Mais pour les très-grands steamers la surface des pales devient tellement grande, que l'eau est entraînée, projetée par le centre en quantité qui va en croissant rapidement. C'est parce que le travail moteur est d'autant plus mal utilisé que les pales sont plus grandes et que la vitesse des roues dépasse une certaine limite, que la difficulté d'accroître la vitesse des grands steamers à roues est si grande. Toutefois l'expérience de tous les bateaux à grande vitesse est à l'avantage des roues; les transatlantiques anglais et américains sont tous à roues, et aucun bateau à hélice n'a pu entrer en concurrence avec eux sous le rapport de la vitesse. Aussi n'avons-nous pas hésité à consacrer au mouvement des roues les puissantes machines dont nous avons parlé.

2° L'hélice, dont l'emploi dans la navigation est un des grands progrès modernes, offre un grand nombre d'avantages. Nous n'avons pas à parler de celui qui doit la faire adopter exclusivement par la marine militaire, de ne pas interrompre les lignes des batteries et de permettre de placer toute la machine au-dessous de la flottaison; ni de la facilité de l'utiliser comme auxiliaire de la voile, ce qui n'est pas applicable au cas des transatlantiques, puisqu'alors il faut conserver à l'avant du navire les formes rondes nécessaires pour que le navire, soumis à l'action du vent, s'appuie convenablement sur l'eau, sans enfoncer trop de l'avant. Ces formes sont évidemment peu propres à de grandes vitesses. Mais on doit constater que, dans la navigation maritime, l'hélice a cette

supériorité sur les roues, qu'étant toujours immergée, elle travaille
bien par les plus gros temps, alors que le bateau étant agité par
la mer, les roues donnent peu de travail utile, une des roues à
pales étant noyée tandis que l'autre tourne dans l'air [1].

Réunion des deux propulseurs. — L'hélice ne doit pas être
adoptée pour des bateaux à grande vitesse, parce qu'on ne peut
augmenter les dimensions et la vitesse de l'hélice sans voir
croître rapidement les entraînements d'eau, et par suite les pertes
de travail moteur, en atteignant même plus rapidement qu'avec
les roues à pales, les limites *maxima* de dimension et de vitesse
au delà desquelles le travail moteur est dépensé presque inutilement;
de telle sorte qu'en définitive la vitesse du navire serait moindre
qu'avec les roues à égalité de travail moteur. Mais il paraît évident que lorsqu'il s'agit de constructions pour lesquelles on fait de
grands sacrifices afin de dépasser les limites ordinaires de vitesse,
lorsqu'on consomme un travail moteur considérable pour l'augmenter quelque peu, il y aurait dans l'adjonction d'une hélice, à
employer une partie du travail moteur à la faire mouvoir, réduction
notable sur le temps total d'une traversée longue, tant parce que
pendant la durée de celle-ci il y a en général quelques jours de gros
temps, pendant lesquels l'hélice travaillerait mieux que les roues,
que surtout parce que l'action de ce propulseur ne devrait être
comparée qu'à celle produite par un accroissement de grandeur des
pales, qui au delà de certaines limites, devient tout à fait minime.

C'est M. Brunel qui, dans l'important essai dont nous parlons
plus loin, a le premier projeté la réunion des deux moyens de propulsion pour un même navire, et bien que l'expérience n'ait pas
encore prononcé, je ne doute pas qu'on ne reconnaisse que l'illus-
tre ingénieur a vu parfaitement juste, en appréciant les avantages
de cette réunion pour des navires de grande dimension. Seulement
si l'on considère comme propres à faire mouvoir l'hélice des ma-

---

[1] Nous croyons que l'on doit à cause de cela augmenter à la mer l'en-
foncement moyen généralement adopté pour les roues.

chines gigantesques telles que celles du *Napoléon*, il est bien évident qu'on ne peut songer à réunir les puissantes et lourdes machines de ce navire à celle d'un bateau à roues, sans imiter la gigantesque construction de M. Brunel. On doublerait le poids des machines et approvisionnements, qui est déjà un maximum pour chaque système.

Locomotive à hélice. — Mais les progrès de la construction permettent d'employer l'hélice avec une faible augmentation de poids, à l'aide du système dit *type locomotive*, que plusieurs constructeurs ont déjà bien étudié, et qui consiste dans la locomotive modifiée pour être installée sur un bateau. L'idée devait en venir naturellement, car le piston d'une locomotive se meut avec la vitesse convenable pour faire tourner l'hélice en agissant directement sur cet organe, et le poids d'une locomotive n'est rien pour un navire, puisqu'il ne dépasse pas 15 ou 20 tonnes pour une force de 200 chevaux. Ceci paraîtra très-simple à quiconque a examiné à l'Exposition les machines de Gache, ou la machine suédoise de Carlsund, que se placent dans quelques mètres de l'extrémité des parties arrières d'un vaisseau.

Cependant nous appelons l'attention des personnes qui liront ces pages sur ce point d'une extrême importance, sur un perfectionnement vers la réalisation duquel nous faisons converger tous nos efforts; car il y a là un immense progrès qui nous paraît arrivé à maturité.

La vitesse de rotation de l'hélice, semblable à celle des roues de locomotives, se refuse à l'emploi de la machine à basse pression, à mouvements lents, qui entraînent à l'emploi d'engrenages d'effroyable grandeur; elle appelle évidemment l'application complète, entière, du mécanisme si excellent de la locomotive. Qui peut y faire obstacle? La salure de l'eau et les incrustations, les ébranlements, la torsion que peut produire un double propulseur? Nous avons vu comment nous nous débarrassons de la salure; quant à la fatigue que la coque pourrait éprouver, il n'y a rien à redouter, car nous satisfaisons à la condition essentielle et fondamentale de semblables constructions, sans avoir nul besoin d'altérer en rien la légèreté de la locomotive, et nous rendons toute torsion impossible, en assemblant les appareils avec une coque en fer d'une extrême solidité, consolidée par toutes les armatures longitudinales et transversales qu'on peut désirer. L'hélice, qui n'a été jusqu'ici que l'auxiliaire de la voile, deviendra ainsi l'auxiliaire des roues pour les très-grands steamers à grande vitesse, et il ne saurait être douteux que ce supplément considérable de travail, produit par un organe différent des roues, par suite ne rencontrant pas aussitôt les conditions de maximum qu'un supplément de vitesse ou de dimension des pales de celles-ci, qui ne donne que des résultats insignifiants pour des accroissements considérables de puissance motrice, n'amène à d'excellents résultats.

Nous le répétons. Pour utiliser dans la navigation, autant que faire se peut, tous les progrès de la locomotive, le chef-d'œuvre de la mécanique moderne, comme légèreté, puissance, économie, il fallait la conserver, pour ainsi dire, tout entière, c'est-à-dire utiliser la pression élevée, le tirage par le jet de vapeur[1], la chaudière tubulaire. C'est ce que nous faisons en proposant de munir l'arrière de nos transatlantiques d'une double locomotive faisant tourner une hélice, ce que nous permettent de faire les éléments déjà déterminés. Nous croyons les avantages de cette combinaison assez frappants pour être admis par toute personne capable d'apprécier un progrès.

Il nous faut renvoyer à l'étude des détails, de la meilleure disposition de l'ensemble, la question de la place que doit occuper la machine à hélice. Placée au centre du navire la surveillance de la machine est plus facile que si on la place à l'extrémité arrière, comme nous le préférons. Le tirage des chaudières peut se faire par

---

[1] La courte cheminée de la locomotive à hélice, doit, placée à l'arrière, être très-inclinée, presque horizontale.

les mêmes ventilateurs, sans contre-pression dans les cylindres moteurs, ou le jet de vapeur être utilisé pour toutes les chaudières; mais l'arbre de l'hélice est d'une longueur considérable, d'où résultent des frottements et des torsions nuisibles.

D'après la puissance des condenseurs métalliques proposés plus haut, nous pourrions disposer sûrement avec 1500 mèt. de surface de condensation, de 8 à 9,000 kil. d'eau pure par heure, sur les 16000 kil. qui ont traversé les premiers cylindres, et alimenter par suite une double locomotive de 500 chevaux [1], les chaudières de la machine à roues formant avec le condenseur métallique l'appareil distillatoire chargé de l'alimenter. D'un autre côté, l'économie sur le combustible produite par l'emploi de la détente dans la machine qui fait mouvoir les roues réduit sa consommation en nombres ronds, à 60 tonneaux en 24 heures. On peut donc consacrer 25 tonneaux par 24 heures à l'hélice, et trouver dans l'économie produite par la détente cet accroissement considérable de travail moteur, sans augmenter ni le poids, ni la dépense, ni l'approvisionnement, relativement aux bateaux actuels de 1,500 chevaux.

Vitesse. — En supposant que nous restions dans les mêmes conditions de poids et de dimensions, et en admettant la proportionnalité des forces au cube des vitesses [2], loi reconnue à peu près vraie avec les mêmes propulseurs (nous avons déjà dit que le principal

[1] Nous citerons comme renseignement comparatif les résultats d'expériences faites par M. Poirée sur une machine locomotive mixte, pesant 24 tonneaux, résultats qui sont une moyenne sur 10 voyages entre Paris et Montereau :
Travail moteur effectif développé, 249 chev. 70.
Coke consommé par cheval et par heure, $2^k,05$, correspondant à $1^k,64$ de houille.
Eau consommée par kil. de coke brûlé, $7^k,62$, et par heure, 3,900 kil.

[2] Le travail de la résistance se compose de la résistance $d\,\mathrm{K}\,\mathrm{A}\,\mathrm{V}^2$, (A maître couple immergé, K coefficient de réduction en raison de la forme, d densité du liquide $= 1$ pour l'eau, V vitesse) multipliée pour le chemin parcouru; en une seconde ce chemin est V, le travail résistant est donc $d\,\mathrm{K}\,\mathrm{A}\,\mathrm{V}^3$ pour chaque navire.

avantage qui résulte d'un propulseur supplémentaire d'une nature particulière, est d'obtenir des résultats sûrement supérieurs à cette proportion ordinaire), on aurait, par comparaison, avec de bons bateaux ayant la vitesse de 11,5 nœuds, celle de l'*Arabia* :

$11,5^3 : x^3 :: 960 : 2000$, d'où $x = 15$ nœuds, vitesse qui devrait être dépassée, car il ne s'agit plus ici de constructions semblables, mais surtout de l'emploi d'un meilleur moyen d'utilisation de la force motrice. C'est l'accroissement de vitesse qui nous paraissait le but à atteindre au début de cette étude, et elle sera obtenue sans une plus grande dépense journalière, par suite avec une très-grande économie sur les traversées totales qui s'effectueront en un moindre nombre de jours.

Nul besoin d'insister sur l'utilité de l'hélice, indépendamment de son importance au point de vue de la vitesse, pour bien gouverner des bateaux de grande longueur, pour faire toutes les manœuvres de port, d'abordage, sans mettre en jeu les machines bien plus lourdes et d'un maniement plus difficile qui font mouvoir les roues à pales. Disons seulement que l'emploi d'un double moyen de propulsion offrirait l'immense avantage, qu'un accident grave de l'une des machines ne serait pas une cause d'arrêt absolu, l'autre servant à continuer la navigation avec une vitesse encore assez grande.

—

DEUXIÈME PARTIE

RÉSISTANCE AU MOUVEMENT

1° Dimensions des coques de navires

La question de la dimension, du tonnage du transatlantique, n'est pas exclusivement d'ordre mécanique. Il s'y mêle d'autres éléments, et notamment il y a à tenir compte du prix de revient de cette immense machine, puisque la puissance motrice comme les dépenses sont en raison de cette grandeur. Toutefois nous avons peu à nous préoccuper ici de la dépense, ayant établi dès le début, qu'il ne s'agit pas, pour de semblables constructions, de faire de mauvaises économies, mais qu'il faut absolument obtenir à tout prix le maximum de vitesse, et l'accroissement de grandeur qui correspond à l'augmentation de dépenses procurant l'avantage de pouvoir disposer d'un tonnage assez important pour produire de grosses recettes. Il faut ou renoncer à l'entreprise ou la tenter en réunissant dans des limites raisonnables, toutes les conditions possibles de succès.

Le problème ainsi ramené presque complétement à être d'ordre mécanique, quelles dimensions adopter? Nous avons dit déjà que le résultat de la concurrence a toujours été jusqu'ici d'assurer la victoire aux plus grands navires, de telle sorte que la Compagnie Cunard qui a commencé avec des navires de 1500 tonneaux, obtient aujourd'hui les plus beaux succès avec le *Persia*, de 3500 tonneaux, et que le navire américain *Wanderbilt*, dont nous avons donné plus haut les dimensions, est encore plus grand. Enfin, rappelons encore que M. Brunel construit un immense navire de plus de 20,000 tonneaux, de dimensions bien supérieures à tout ce qui avait été tenté jusqu'à ce jour.

Remarquons d'abord que le principe de l'accroissement du tonnage des navires comme moyen d'augmenter la puissance des machines plus rapidement que la résistance, sur lequel repose la possibilité des longues navigations aussi bien que des accroissements de vitesse, est bien facile à établir. En effet, les capacités de deux navires semblables sont entre elles comme les cubes des lignes homologues, tandis que les résistances proportionnelles au maître-couple immergé sont entre elles comme les carrés de ces lignes. Donc, en augmentant les dimensions des navires, on peut leur adapter des machines dont le poids et la puissance croissant comme les cubes augmenteront plus vite que les résistances.

Dans ce raisonnement dont l'exactitude dans certaines limites est prouvée par les résultats de l'expérience, on suppose que tous les éléments sont semblables. Or, il n'est pas exact de dire que tous les éléments restent proportionnels ; ainsi un navire qui atteint des dimensions doubles d'un autre ne doit pas être composé d'éléments seulement doubles. Les poids agissant au bout de leviers considérables, aux extrémités du navire notamment, produisent dans les cas d'échouage des effets destructeurs croissant avec rapidité, et la sécurité ne peut résulter que de constructions bien plus solides et par suite bien plus pesantes que celles que déterminerait la simple proportionnalité des dimensions.

De même l'action du moteur ne croît pas proportionnellement à ses dimensions. Ainsi la pale d'une roue devenant trop grande pour que l'eau se dégage, projetant au loin de grandes masses liquides, ne donne pas des effets croissant proportionnellement à sa surface. Aussi, c'est surtout au point de vue du maximum de vitesse possible par l'accroissement de la grandeur des navires et de la puissance des machines, que le résultat de la belle expérience que fait en ce moment M. Brunel mérite au plus haut point l'intérêt qu'elle a éveillé.

Remarquons d'abord que l'habile ingénieur n'a entrepris sa gigantesque construction que parce qu'il disposait d'un nouveau mode de construction, du système tubulaire qui a donné de si beaux résultats pour le pont *Britannia*. Remarquons en outre que c'est dans un but tout autre que celui d'obtenir des vitesses supérieures à celles des autres steamers que ce bâtiment est établi; c'est surtout pour faire les traversées de l'Australie en portant son chargement de combustible, aller et retour, le charbon étant à un prix excessivement élevé dans ce pays. Ces motifs et bien d'autres, tels que le prix de semblables constructions, l'inconnu d'une expérience qui sort de toutes les limites connues, les obstacles que rencontreront à un bon fonctionnement les propulseurs d'énormes dimensions qui feront mouvoir cette masse, tout doit faire craindre que la construction de M. Brunel ne dépasse les limites de grandeur du navire qui peut être construit aujourd'hui pour posséder le maximum de vitesse.

La limite la plus élevée, expérimentée aujourd'hui et donnant des résultats supérieurs à ceux fournis par des navires de dimension moindre, est obtenue par le *Persia* de la Compagnie Cunard, de 3,500 tonneaux, qui atteint la vitesse moyenne de 13 nœuds dans ses traversées, comme le *Wanderbilt* dont les dimensions comme la vitesse sont au moins égales. Rien ne prouve que ce soit absolument la limite maximum de vitesse qu'il soit possible d'obtenir par l'accroissement des dimensions; mais il est bien probable que l'on approche assez de la plus grande qu'il est permis d'espérer, en restant dans la voie suivie par les constructeurs anglais. C'est ce que paraît prouver d'une manière incontestable le peu d'accroissement de vitesse que procurent d'énormes augmentations de force motrice relativement aux navires semblables de dimensions moindres, le doublement des machines n'augmentant pas de plus de 1/12e la vitesse. C'est pour cela que nous établissons en principe que c'est dans une meilleure utilisation de la vapeur et dans les autres moyens de produire pour le même poids et le même approvisionnement un travail moteur bien plus considérable, faisant mouvoir des organes de propulsion donnant le plus de travail utile, qu'il faut se diriger aujourd'hui, et qu'il y aurait peu d'avantage à dépasser la dimension déjà si considérable de 3,500 ou 4,000 tonneaux. On n'obtiendrait pas de résultats en rapport avec les dépenses de constructions qui atteindraient des proportions effrayantes. Le navire Brunel doit coûter au moins 10 à 12 millions.

Nous adopterons donc le tonnage de 3,500 tonneaux pour les transatlantiques français, et la proportion de 7 à 1 pour le rapport de la longueur à la largeur. Nos bateaux auraient donc environ 100 mètres de long sur 14 de large et 9 mètres de creux. Ce seraient de magnifiques bâtiments, et les dimensions se prêteraient au succès aussi bien qu'à un meilleur emploi de la chaleur et à une meilleure disposition des machines, base principale d'une supériorité qui, nous le croyons, serait très-grande et résulterait de l'emploi de perfectionnements qui appartiennent complétement à nos ingénieurs. Il s'agit, en réalité, de recommencer ce que nous avons déjà fait. Nous avons battu sur le Rhin et sur le Rhône les Anglais toujours fidèles à la basse pression, aux machines à lourd bâti en fonte, ne sachant pas manier habilement la pression élevée, les mouvements rapides du piston et les bâtis en fer. Nous devons obtenir les mêmes résultats dans le nouveau champ d'émulation où vont se rencontrer les deux nations.

A ce propos nous ferons remarquer que la navigation du Rhône, qui a été organisée avec des bateaux qui ont été amenés à un degré de perfection remarquable sous tous les rapports, offre un modèle de construction qui nous semble excellent à suivre. Nous voulons parler des constructions en tôles croisées, qui offrent, avec une légèreté relative très-grande, une très-grande résistance. Ce système se rapproche de celui des constructions diagonales qui a été reconnu le meilleur pour éviter les déformations résultant du choc des lames profondes sur les extrémités du navire qu'elles tendent à recourber autour du centre qui porte la machine, dont le poids et par suite l'inertie est très-grande.

Ce système très-léger et très-résistant suffirait parfaitement pour de puissants navires de 3,500 tonneaux, sans qu'il fût besoin d'imiter le système tubulaire dans lequel M. Brunel a mis sa confiance pour la construction de son gigantesque navire de 20,000 tonneaux. Cependant nous voudrions qu'on employât ce dernier système pour mettre une espèce de bouclier, de soufflage au transatlantique, vers le milieu à l'intérieur, si l'on craint d'altérer les lignes extérieures apparentes. C'est en ce point que les abordages détruisent les navires à roues, en éteignant les feux et annulant la machine lorsqu'elle pourrait sauver le bâtiment. Un abordage vers les extrémités, grâce aux cloisons étanches placées dans la largeur, n'est jamais une cause de perte pour des navires comme ceux dont nous parlons.

Une cuirasse de semblables poutres, dont la résistance est énorme, préserverait l'enveloppe du corps flottant, placée derrière, d'être entamée, d'autant plus qu'elle se relierait à de fortes traverses, à de fortes barres de fer en T, qui réuniraient les bâtis triangulaires des machines entre eux et à la coque du navire.

Si on peut, à la rigueur, imaginer des chocs pour lesquels la résistance de ces poutres creuses serait insuffisante, sans doute on nous accordera qu'il y a tout avantage à donner aux passagers un tel élément de sécurité, en sus de tous les autres qui peuvent exister.

2° Formes du navire. — Sa rigidité. — Insufflation d'air à l'avant.

La détermination des formes les plus convenables pour les navires est, on le sait, un de ces problèmes complexes qui échappent à la puissance de la science pure et qui ont été en tout temps mieux résolus par l'expérience des ingénieurs et des praticiens que par des recherches de cabinet.

La résistance étant nécessairement en raison de la section immergée transversale d'un corps flottant, au point où elle est le plus large, du maître-couple, et l'expérience la plus élémentaire ayant démontré que la résistance était considérablement amoindrie lorsque la proue d'un bateau était en forme de coin, le problème n'est pas très-difficilement soluble quand il s'agit de la navigation fluviale. Employer la machine la plus légère possible, allonger beaucoup le bateau, diminuer ainsi le maître-couple immergé, enfin donner à la proue l'angle qui répond le mieux à la vitesse probable du bateau, tout ceci a été fait avec assez de facilité par la plupart des habiles constructeurs qui se sont distingués dans la navigation fluviale à la vapeur.

La question est bien plus compliquée pour la navigation maritime, et même jusqu'à un certain point on peut dire que le problème est insoluble, en ce sens que les formes qui conviendraient pour une vitesse et un état donné de la mer ne sauraient convenir pour une autre vitesse, une autre direction du navire par rapport à celle des lames et du vent, de telle sorte que la régularité que l'on rencontre dans la navigation fluviale ne pouvant plus subsister, une forme convenable un moment ne le sera plus le moment suivant.

Bien que ne pouvant discuter dans cette note les questions de construction des navires, nous dirons quelques mots des conditions générales du problème.

1° *Lignes principales du navire.* — Le tonnage étant donné, on doit d'abord déterminer le rapport de la longueur et de la largeur ; l'exagération de la première dimension étant évidemment favorable à la vitesse en eau tranquille, mais nuisible à la solidité, à la résistance du navire dans le gros temps. Ce n'est que le perfectionnement des modes de construction qui permet d'admettre le rapport de 7 à 1, un peu supérieur à celui des derniers paquebots Cunard, inférieur à celui admis par M. Brunel (8 : 1). C'est l'adoption de l'hélice à l'arrière, et par suite l'action énergique du gouvernail pour manœuvrer, qui en résulte, qui lui a fait adopter cette proportion. Sans l'hélice auxiliaire, nous pensons que le rapport de 7 à 1 serait trop grand, avec son secours nous serions disposés à accepter 8 à 1 comme M. Brunel. L'acuité de la proue comme la finesse des œuvres arrières, pour que le navire courant avec sa vitesse normale, l'eau soit écartée par l'avant sans produire de remous et s'écoule facilement à l'arrière, ne peut qu'être empruntée aux meilleures constructions, et la théorie ne peut qu'analyser les divers éléments que fournit la pratique. Disons seulement que l'évidement à l'arrière a bien plus d'importance qu'on ne serait tenté de le croire *à priori;* c'est la perfection des formes arrières qui limite surtout le gonflement de l'eau à l'avant en facilitant le passage de l'eau à l'arrière et diminue la dépression que le navire laisse après lui dans sa marche.

C'est un résultat d'expérience que des façons avant courtes et de longues façons arrière sont les plus favorables à la vitesse. L'expérience a ainsi ramené vers les formes des poissons, du saumon par exemple, qui se meuvent le plus rapidement et dont le corps, soumis à la pression du liquide, a pris forcément des formes ayant un rapport intime avec ces vitesses.

2° *Communication des forces vives du liquide au corps flottant.* — La comparaison des meilleurs modèles permet de fixer la forme des surfaces gauches qui forment les flancs du navire et surtout de l'avant. Leur but évident est de retourner la lame qui rencontre le corps flottant et de la faire ainsi se replier sur elle-même. Déterminer la forme la plus convenable, lorsque la lame peut agir successivement sous tous les angles, ne peut être qu'un résultat d'expérience, il n'y a pas là de problème soluble mathématiquement.

Un autre élément très-important pour éviter les communications de la force vive du liquide au corps flottant, réside dans la masse, la solidité, la non-élasticité de celui-ci et nous paraît indiquer le vrai mode de construction qui doit être adopté.

En effet, si l'on considère un petit canot abandonné sur la mer, il est clair que, n'offrant aucune résistance à la lame qui le porte, il se mouvra exactement comme celle-ci, avec la vitesse de l'eau. Si passant à l'autre extrémité de l'échelle, on suppose la gigantesque machine de Brunel, pesant 15 ou 20,000,000 de kil., choquée par une lame de quelques mètres de longueur qui viendra agir sur son travers, il restera immobile comme le mur d'un quai. La vague sera retombée avant qu'aucun mouvement du corps flottant, dont l'inertie est si considérable, ait eu lieu. Il n'y aura donc aucun travail produit par ce choc. Il est donc vrai de dire qu'une grande masse soustrait en partie le corps flottant aux destructions de force vive qui résultent du choc du fluide en mouvement. Telle est, nous croyons, la cause des remarquables vitesses obtenues par le *Napoléon*, dont la masse est très-grande, au moyen de l'hélice, vitesses très-supérieures à celles de bateaux plus petits ayant des machines proportionnellement aussi puissantes [1].

Pour obtenir ces résultats, il faut évidemment que le corps flottant constitue un tout parfaitement résistant, ne soit pas formé d'une réunion de corps pouvant prendre isolément de petits mouvements. Or, si l'on réfléchit d'autre part qu'on ne saurait établir de lourdes machines dans une coque sans occasionner bientôt des courbures nuisibles, à moins qu'elle ne soit d'une extrême solidité, que des poids très-considérables placés au milieu de la longueur tendent puissamment à détruire la charpente du bateau, on conclura à l'adoption de coques en fer, en tôles croisées, avec renforts tubulaires en certaines parties, vers la quille notamment, et à l'assemblage direct des machines avec des coques assez solides pour former en quelque sorte un bâti général, assurant au tout, outre une durée très-grande, la vitesse à laquelle contribue la masse, l'inertie de l'ensemble.

3° *Des pertes du travail moteur par communication de forces*

---

[1] La machine du *Napoléon* est de 960 chevaux et pèse 1,000 tonneaux.

vives du corps flottant au liquide. — Si on doit chercher à éviter les communications des forces vives du liquide au corps flottant, comme nous venons de le dire, il importe encore bien plus de se préoccuper de la perte de forces vives communiquées par le corps flottant au liquide ; car là est la cause de l'énorme dépense de travail moteur nécessaire pour obtenir de grandes vitesses et cela d'autant plus que la dimension du maître-couple devenant plus grande, le liquide reste plus longtemps en contact avec le navire.

La réalité du mode d'action dont nous parlons est facile à établir en quelques mots.

Dans une série d'expériences bien connues de la Société anglaise d'architecture navale, on trouve par exemple les résultats suivants pour une proue de 40 degrés et de 1 mètre de base :

Pour une vitesse de $0^m,50$, une résistance de 4 kil.

« 3^m « 130 «

La résistance de pénétration, qui est de 4^k pour $0^m,50$ devrait donc être de $4^k \times 6 = 24$ kil. pour 3^m. Le reste de la résistance, $140 - 24 = 106$, c'est-à-dire les $4/5^{es}$ de la résistance totale ne répondent donc pas à une action de pénétration, mais à l'impulsion communiquée à l'eau, qui ne peut s'écarter assez vite pour ne pas être choquée par le corps en mouvement.

On n'a jamais employé d'autre moyen de diminuer cette résistance considérable que celui indiqué ci-dessus, c'est-à-dire l'adoption des formes les plus convenables pour que l'eau s'écarte le mieux possible devant le navire, passe facilement de l'avant à l'arrière.

Nous avons proposé, il y a quelques années, un système qui a quelque analogie avec les moyens d'*hydropneumatisation* qui ont été adoptés depuis pour les turbines. Ce système n'a pas été accueilli par les constructeurs, et nous admettons volontiers que c'est avec raison pour la plupart des cas de la pratique, à cause de la complication qu'il apporte au mécanisme. S'il est un cas cepen-

dant où il puisse être essayé avec chance de succès, c'est sûrement
pour des bateaux dont la vitesse supérieure doit être assurée à tout
prix et qui ont des dimensions énormes. On comprend sans peine la
difficulté qu'éprouve le liquide à s'écarter des deux côtés d'un
maître-couple dont la grandeur dépasse 60 mètres carrés, sans que
la partie placée au centre ne reçoive l'impulsion du navire et par
suite amortisse sa force vive.

Le moyen que nous avions proposé consistait à employer le travail de machines auxiliaires, telles que celles dont nous avons parlé
plus haut, à faire mouvoir le piston d'une machine soufflante qui
chasserait de l'air dans l'eau, au moyen d'un tuyau débouchant au
centre de la partie inférieure de l'avant. Ce tuyau étant percé à sa
partie supérieure d'un grand nombre de petits orifices, l'air arri-
verait dans l'eau par une multitude de petits filets rendus discon-
tinus par la progression du bateau et l'agitation de l'eau, et forme-
rait une multitude de globules. L'eau enfin serait amenée à l'état
d'un liquide en ébullition, et le mélange aurait une densité d'autant moindre que la quantité d'air injectée serait plus grande.

Il paraît possible de constituer à cet état mixte la partie de
liquide, fraction assez faible du volume déplacé, qui forme le
remous antérieur, qui est choquée avec le plus de vitesse par la
partie la plus avancée de la proue.

Ce système paraît devoir diminuer la résistance :

1° Parce que la quantité de forces vives communiquées au fluide
sera diminuée. — Cet effet étant proportionnel à la masse, l'est par
suite à la densité. Or, le volume restant le même et la densité
de l'air étant presque nulle relativement à celle de l'eau, la perte de
forces vives sera diminuée de toute la quantité qu'eût absorbée le
volume d'eau remplacé par un volume d'air;

2° Parce que le choc qui a lieu à la rencontre du fluide en re-
pos par le navire en mouvement, et dont l'effet croît rapidement
avec la vitesse, absorbera une moindre quantité de travail, vu
que, par l'effet de l'espèce de coussin élastique que formera le mé-

lange d'eau et d'air, le choc aura lieu en partie entre corps élastiques au lieu d'avoir lieu entre des corps privés d'élasticité. L'eau sera alors écartée au lieu d'être lancée en avant. On corrigeait ainsi le défaut reconnu par quelques ingénieurs aux coques en fer, leur trop grande roideur, avantageuse au point de vue de l'action du liquide sur le navire, comme nous l'avons vu plus haut, mais évidemment désavantageuse au point de vue du choc du liquide par le corps flottant.

Nous n'oserions conseiller d'employer ce système sur une bien grande échelle, et nous n'insisterons pas sur un procédé qui n'a pas été expérimenté. Toutefois, nous croyons qu'on nous accordera que 1 ou 2 mètres cubes par seconde d'air jeté au centre de l'avant et mélangé à 10 ou 15 mètres cubes d'eau formant le milieu de la masse rencontrée par la proue, de celle qui coûte le plus à écarter, pourraient produire un résultat très-avantageux pour la vitesse.

Il ne faut jamais oublier toute la difficulté de produire les derniers suppléments de vitesse à l'aide d'un système de propulsion donné, ce qui peut mener à préférer avec raison, à l'accroissement des dimensions des appareils de propulsion employés déjà sur une grande échelle, lorsqu'il s'agit, comme dans le cas actuel, d'obtenir à tout prix des vitesses hors ligne : soit l'emploi d'un autre mode de propulsion, soit un moyen de diminuer les résistances, s'il en est de possible, pour dépasser les limites au delà desquelles se trouve la victoire et le succès.

RÉSUMÉ

On nous excusera d'avoir dans cet avant-projet souvent affirmé trop hardiment, sans avoir toujours suffisamment motivé notre opinion et sans offrir à l'appui un plan détaillé de coordination de l'ensemble des dispositions proposées, plan qui intéresserait fort peu la plupart de nos lecteurs. Toutefois, si nos propositions successives sont scientifiquement incontestables, la possibilité de réaliser un grand progrès dans la construction des Transatlantiques sera reconnue et notre but parfaitement atteint.

Nous récapitulerons ici les éléments que nous avons déterminés, et qui nous paraissent pouvoir servir de point de départ pour des constructions bien supérieures à ce qui existe aujourd'hui.

1° Chaudières américaines, tubulaires à la partie supérieure, à nombreux foyers. — Pression de la vapeur, 2 ath.

2° Aspiration des produits de la combustion à l'aide de ventilateurs aspirants.

3° Machines des roues à pales à 6 cylindres inclinés. — Détente poussée jusqu'à 3 fois le volume primitif de la vapeur introduite. — Vitesse du pisfon 1^m,30 par seconde. — Diamètre du piston 1^m, 40. — Course 2^m,00. — Travail 1,400 chevaux. — Consommation 60 à 70 tx. pour 24 heures.

4° Machine-locomotive à l'arrière, alimentée avec l'eau distillée fournie par la condensation, au moyen du contact de surfaces métalliques refroidies, de la vapeur qui a servi à faire mouvoir les roues à pales, faisant tourner une hélice par action directe. — Travail 500 chev. — Consommation 20 tx. de charbon pour 24 heures. — Consommation totale de toutes les machines ne dépassant pas 100 tx. par 24 heures pour 2,000 chevaux ; la durée de la traversée, et, par suite, la consommation du combustible étant diminuées d'un quart au moins comparativement à celles des meilleurs bateaux à vapeur.

5° 2 Machines auxiliaires pour faire mouvoir la pompe d'alimentation, la pompe à saumure, les pompes des condenseurs à surfaces métalliques, les ventilateurs aspirants, enfin une pompe à air pour insufflation à l'avant. — 100 chevaux.

6° Coque construite en fer, en tôles croisées et avec poutres tubulaires au milieu, vers les roues, et aussi pour renforcer la quille au moins vers l'hélice. — Tonnage de 3,500 à 4,000 tx. — Rapport de la longueur à la largeur d'au moins 7 à 1. — 100 mètr. de longueur sur 14 de largeur et 9 m. creux.

Avec ces éléments fournis par les progrès parfaitement certains de la science mécanique dans plusieurs directions, on doit espérer faire en *huit jours* la traversée de Brest à New-York. Voilà le but à atteindre, le beau problème que l'on peut résoudre victorieusement, nous en avons l'intime conviction.

Si l'on y parvient, le drapeau de la France sera bien porté et l'avenir des services transatlantiques français assuré, pour peu que l'entreprise ne soit pas trop mal dirigée sous le rapport de l'administration. Si on fait moins, on tournera le dos au succès et on ne tardera pas à s'apercevoir par la supériorité de nos rivaux qu'on eût pu mieux faire; il faudra bientôt mettre de côté des bateaux construits la veille et recommencer chèrement, si les ressources ne manquent pas à la Compagnie qui sera chargée de ces services, le matériel qu'on eût pu réussir du premier coup, avec moins d'amour de la routine et un peu plus de confiance dans la science.

Paris. — Imprimerie de P.-A. BOURDIER et Cie, 30, rue Mazarine.

EN VENTE A LA MÊME LIBRAIRIE

LABOULAYE (Ch.), membre de la Commission des beaux-arts appliqués à l'industrie, et du Comité des arts mécaniques de la Société d'encouragement. — **Dictionnaire des arts et manufactures**, de l'agriculture, des mines, etc. Description des procédés de l'industrie française et étrangère, par une réunion d'ingénieurs et de fabricants. 2ᵉ édition, ouvrage formant 4 tomes ou 2 très-forts volumes in-4°, et illustré de 3,000 gravures sur bois intercalées dans le texte, représentant les machines et appareils employés dans l'industrie. 60 fr.

Le même, belle demi-reliure chagrin, toile sur plat. 70 fr.
    — cartonnage anglais. 66 fr.

— **Traité de cinématique** (mécanique appliquée aux machines au point de vue géométrique), ou Théorie des mécaniques ; 1 beau vol. in-8°, avec 600 gravures sur bois intercalées dans le texte. 12 fr.

— **Essai sur l'art industriel,** comprenant l'étude des produits les plus célèbres de l'industrie à toutes les époques et des œuvres les plus remarquées à l'exposition universelle de Londres en 1851, et à l'exposition de Paris en 1855, suivi d'un résumé des progrès techniques les plus récents dans les arts et manufactures, complétant l'exposé de l'état actuel de l'industrie ; 1 beau vol. grand in-8°, orné de très-belles gravures sur bois. 8 fr.

Nouveau Portefeuille de l'ingénieur des chemins de fer, 1857. — *Conditions de vente de cette publication :* Tous les trois mois il paraît une ou deux livraisons. Chaque livraison se compose de 12 planches grand in-folio gravées sur acier par Guignet, et de 4 à 5 feuilles in-8° d'impression qui formeront les trois parties de l'ouvrage : texte, documents et légendes explicatives des planches.

Le prix de la livraison est de 15 francs, et de 15 fr. 50 c. par la poste.

Les quatre premières livraisons sont en vente.

ENCYCLOPÉDIE MÉCANIQUE.

Atlas universel des machines, appareils, instruments et outils anciens et nouveaux employés dans les différents genres de l'industrie française et étrangère et dans l'agriculture, dessiné, gravé et publié, avec des détails cotés et une légende explicative, par MM. J. PETITCOLIN et L. CHAUMONT, anciens élèves de M. Le Blanc et du Conservatoire des arts et métiers, auteurs d'ouvrages sur le dessin des machines, dessinateurs-graveurs d'ouvrages importants sur les sciences et l'industrie (médailles aux diverses expositions).

CONDITIONS DE LA SOUSCRIPTION

L'*Atlas universel des machines*, etc., est publié par livraisons.

Il paraît une livraison du 1ᵉʳ au 15 de chaque mois.

Chaque livraison se compose :

1° De quatre planches gravées avec le plus grand soin sur cuivre ou sur acier, format petit in-folio ;

2° D'un texte légende explicative, même format que les planches ;

3° D'une couverture imprimée, avec table des matières.

Dix livraisons forment un volume de l'Atlas et comprennent 40 planches et 10 feuilles de texte.

Le prix de chaque livraison est de 2 fr. 50 c. Chaque livraison se vend séparément au même prix, chez Lacroix-Comon et chez les auteurs, rue Saint-André-des-Arts, 33.

Les 1ʳᵉ, 2ᵉ et 3ᵉ livraisons sont en vente.

Paris. — Imprimerie de P.-A. Bourdier et Cⁱᵉ, rue Mazarine, 30.

www.ingramcontent.com/pod-product-compliance
Ingram Content Group UK Ltd.
Pitfield, Milton Keynes, MK11 3LW, UK
UKHW021450090726
13657UKWH00003B/1302